和**熊孩子**过招
的心理战术

王宏 / 著

清华大学出版社
北京

内 容 简 介

对父母而言，孩子的成长是一个美丽而漫长的过程，既带来了惊喜和满足，也常常伴随着烦恼与困惑。孩子的行为具有两面性，时而乖巧可爱似天使，时而磨蹭拖拉、马虎粗心、注意力不集中、胆小怕生、逆反冲动、任性捣乱、暴躁撒谎等，仿佛魔鬼附体，简直就是一个熊孩子！

本书依据作者咨询实录，通过对这些熊孩子的心理进行分析和诊断，帮助年轻父母理解孩子的行为目的，了解自己生气的原因，学习亲子沟通技巧，并施以切实可行的解决方案——这就是和熊孩子过招的心理战术。

图书在版编目（CIP）数据

和熊孩子过招的心理战术 / 王宏著. —北京：清华大学出版社，2015
（2021.4重印）
　ISBN 978-7-302-38704-6

　Ⅰ.①和… Ⅱ.①王… Ⅲ.①学前教育—家庭教育 Ⅳ.①G78

　中国版本图书馆CIP数据核字（2014）第284072号

责任编辑：刘志英
封面设计：王文莹
责任校对：王荣静
责任印制：杨 艳

出版发行：清华大学出版社
　　　　　网　　址：http://www.tup.com.cn，http://www.wqbook.com
　　　　　地　　址：北京清华大学学研大厦A座　　邮　　编：100084
　　　　　社 总 机：010-62770175　　　　　邮　　购：010-62786544
　　　　　投稿与读者服务：010-62776969，c-service@tup.tsinghua.edu.cn
　　　　　质量反馈：010-62772015，zhiliang@tup.tsinghua.edu.cn
印 装 者：三河市铭诚印务有限公司
经　　销：全国新华书店
开　　本：160mm×230mm　　　印　张：16.25　字　数：261千字
版　　次：2015年2月第1版　　　印　次：2021年4月第10次印刷
定　　价：39.00元

产品编号：060804-01

目录
Contents

Chapter 2　习惯篇

Chapter 3 学习篇

Chapter 4 性格篇

Chapter 5　问题篇

序

西方有一句谚语："当你有了孩子，你就有了问题。"这并非说做父母就有问题，而是意味着 朝为人父母，便开始面临孩子教养的问题，因为随着孩子的渐渐成长，造成父母烦心、担忧、头疼的问题应运而生。许多研究指出，父母从孩子出生开始即进入一个失衡和重组的时期，在身心状态和生活作息上是从混乱到整合的过程，此时父母的价值感和自信受到很大的冲击，尤其是一些超出自己能力的问题，更需要得到外界一些心理和教育专家的专业协助。

王宏是一个18岁孩子的妈妈，认识她的时候，儿子豆豆还在念小学三年级，如今已经上大学了。她虽是心理学硕士，但专攻的是认知心理学方向，即使研究和讲授与儿童心理相关的课题，对于亲子教育、心理咨询的了解也仅止于一些课堂上的学习，因此碰到豆豆成长中的一些问题，有时也束手无策，甚至她曾告诉我说，有一段时间对自己感到失望。

让她转变心意、重招信心的契机是，2004年5月她参加了我在国内主持的第二期"父母效能系统训练"的团体领导者培训，让我意想不到的是原先在培训时一些活跃的学员，反而在培训后不如她的表现卓越。默默的她于6月底辞掉原先待遇不错的工作，毅然决然地迈向以家庭教育和咨询为终身职业的道路。感于他们的热情和执着，我受邀做了他们的顾问，十年来我们的精诚合作，为国内亲子教育创出不少史无前例的佳绩。

这些年她将所学身体力行地运用于儿子教育上，豆豆的自信开朗、自主学习和生活责任感是我亲见的事实。除了感受到她优质母亲的特质和能力，我更看到她积极奋进的学习精神。2005年5月她与两位伙伴共同撰写了《豆豆妈妈的成长》一书，出版后深受家长们的喜爱，内容是根据他们带领家长团体时与家长交流学习的经验，这也是王宏创作的开始。2006年2月她考上了国家二级心理咨询师，之后一方面经常带领家长团体学习、受邀做家长讲座、主持儿童EQ营等，另一方面在实际的家长咨询工作中不断地积累经验，并且细心地做记录整理和体察深思。2009年她总结咨询案例出版了《宝贝的72变和我的36招》，2011年辅助我再版《父母效能培训手册》，增加了许多实用的练习，帮助父母实际操作和学习。

为了贡献自己的心得与更多的家长分享，她从自己所接待的来访者中精心选出50个家长咨询的案例，并在咨询伦理的保密原则下，花了不少心血独力创作这本对父母面对和处理孩子问题极有助益的大作。书中每篇文章均以四个部分呈现，先以孩子的一些基本信息为引线，简要地描述孩子的背景资料。接着，带出的是咨询过程的创意写法，这也是最让我激赏之处，因为过去少有人使用这样两栏式的对照来说明咨询的过程，其左栏是来咨询家长陈诉的孩子各种各样的问题，右栏则是咨询师与家长的对话，如此不仅让读者深入浅出地了解问题，而且很快明白咨询的用意和价值。第三部分的专家诊断，是从心理学角度清楚地分析孩子令父母困扰的问题原因或症结。最后，她以专家建议为总结，进而将《父母效能培训手册》的理念和策略，融会贯通地提供父母一些面对问题和解决困扰的良方。

我喜欢"和熊孩子过招的心理战术"这个书名，它反映出4~12岁孩子的问题和心理咨询专家的建议，深信本书的问世是今日父母和孩子的一大福音。我有幸曾为她的老师，如今是亲子教育队伍的合作伙伴，故欣然乐意接受她的邀请作序，并祝愿她有更多经验之作，更期盼她为人生最大的事业——家庭教育继续贡献宝贵的心力。

钟思嘉

做家长是要学习的

开车有驾照，当教师有教师证，做会计有会计证……做家长呢，您有上岗证吗？当然没有！即便如我，心理学专业硕士毕业，曾经的大学教师，自认为生了孩子就是家长，自然轻松胜任家长这个岗位，可以无师自通！其实不然！

家长是一种职业，而且是世界上最难的职业——除了需要极大的爱心和耐心以外，更需要很多专业知识和技能，尤其是每个孩子出生时都没有附带使用说明书，让本就没有上岗证的家长更加忙乱无助！孩子学习不主动、磨蹭拖拉、粗心大意、调皮捣蛋……一个个熊孩子应运而生。要成为称职的家长，就要掌握和熊孩子过招的心理战术。

第一，要压住自己的怒火，学会控制自己的情绪！当你有了孩子，你就有了问题。不是说孩子会带来问题，而是孩子激发了家长的情绪、期望与信念。面对孩子的不听话，父母常常生气，这让家长误以为都是孩子的错。所以，家长要感谢孩子，他们的到来让为人父母的我们了解自己的情绪、价值观和对孩子的期望，从而理智面对孩子成长中的问题，并有效帮助孩子健康成长。

第二，要了解孩子的心理，抓住孩子成长的关键期，培养孩子的好习惯。孩子的安全感、责任感、成就感何时形成？孩子的危机期何时爆发？孩子何时开始学习外语？孩子要上学前班吗？每个孩子在成长的不同阶段都有一个"关键期"，如果在这个时期施与正确的教育，可以产生事半功倍的效果，一旦错过这个时期，就需要花费几倍的努力才能弥补，或者将永远无法弥补。

第三，要解读孩子的行为密码，了解孩子的行为目的。孩子学习不主动、磨蹭拖拉、粗心大意、调皮捣蛋……这些行为都是有原因的。孩子的话没有傻话，孩子的行为都是有目的的。通过分析这些行为，家长可以了解行为背后的目的，找到孩子的行为密码，发现孩子成长过程中的问题和形成原因，建立更积极互动的亲子关系。

第四，要学会和孩子沟通的技巧，即沟通三部曲——"接纳—反映—讨论"。当孩子遇到伤心、难过、委屈、愤怒等情况时，比如，"我不想上学了"、"同学都不喜欢我"、"老师太不公平了"……家长不要直接判断、下结论，而要学会接纳为先，让孩子的心灵得到净化；然后再反映孩子的情绪，及时化解他们心中的烦闷。通过"接纳—反映"的沟通过程，引导孩子渐渐平静下来，启发孩子自己思考解决的办法。

第五，要学会鼓励孩子。"孩子你真好！"、"孩子你真棒！"、"孩子你真聪明！"家长口中的这些话不是鼓励，而是称赞！是因为孩子的行为达到甚至超过家长的期望，或者是超过别人家的孩子才得到的，重视的是结果而非过程，对于孩子的激励作用不大。所以要区别鼓励与称赞，学会鼓励的技巧和方法，告诉孩子"你是与众不同的"，帮助孩子体验成功和成就感，并引导他们把成功归因于自己的能力和努力，从而建立自信心。

第六，要让孩子承担行为结果，培养责任感。孩子犯错可以打吗？如何惩罚孩子才有效？首先，要区别惩罚与行为结果，学会自然与合理的行为结果的方法，有效对待孩子的犯错行为，让自然的行为结果发生，其次，设计合理的行为结果，培养孩子为自己行为负责的态度，增强其自制力和责任感。

总之，做家长需要学习才能称职，要在学知识的基础上，更多地练习、练习、再练习，才能掌握和熊孩子过招的心理战术。道理很简单，比如要获得驾照，除了纸笔学习以外，还要有若干小时的实战演练，动作只有几个，教练几分钟就讲完了，学员需要开车练习至熟练通过考试，才能拿到驾照！做家长比当司机难度大多了，可是有谁花费专门的时间来"学+习"并最终获得家长上岗证呢？

各位家长，练习做好父母，就从这本《和熊孩子过招的心理战术》开始吧！

Chapter1 情绪篇

1 晚餐大哭大闹的女孩

> 姓名：菲菲
>
> 性别：女
>
> 年龄：4岁1个月
>
> 学龄：幼儿园
>
> 简介：幼儿园的乖宝宝，回到家里就变成了蛮不讲理的小霸王，性情急躁、脆弱，依赖心理极强，稍不如意就发脾气，连一顿晚饭都能大哭大闹。爸爸说孩子喜怒无常是妈妈惯的，妈妈认为应该尊重孩子的需求，夫妻二人经常争论不休。

妈妈的叙述与疑问

我的孩子非常聪明，在幼儿园里无论学习、人际关系、自理能力等各方面都表现极好，深得老师赞赏。可是，一到家里就变得脆弱、急躁、依赖妈妈，总要跟妈妈一起玩，动辄哭泣，攻击爸爸，与爸爸对立。我们总希望她性格开朗、坚强、稳定，妈妈的观点是要在充分的爱中建立安全感，培养自信，建立规则，走向自立自强；爸爸则认为女儿的脆弱、喜怒无常都是妈妈惯的，要严格培养。为此，两人不断争论、探索。

我们读过许多育儿的书籍，可是对于孩子实际生活中的问题仍然缺乏有效的处理方法，比如，昨晚吃晚饭时，孩子对我说"谁需要什么要举手，不能直接说我要什么"。我想这是她在幼儿园学到的规则，就说好。我先吃完，就对她说

豆豆妈妈印象及评价

父母教育观点不一致，对孩子的行为反应也不一致，导致孩子行为极端化。

"照书养"还需要实践和调整才行啊。

是啊，妈妈的担心

妈妈挺累，到客厅休息一会儿，然后就坐在客厅沙发上看报。不一会儿，女儿在餐厅朝我不满地大声嚷起来："我举了好久，怎么看不见！"我这才发现，她在那里举手想要什么东西，还没等我解释，她就委屈地跑到小屋大哭起来。她爸爸也在客厅看报，说："看这孩子现在脆弱成什么样了，你不要去，要忽视她这种无理行为。"我尽管觉得他说得对，但同时我又觉得父母都在客厅看报，无论孩子哭多久都置之不理，这种方法不只是冷淡，简直就是冷漠，这不仅不会使孩子坚强，反而会极大地伤害孩子的情感，造成亲子隔阂。

我不顾爱人的阻拦，在孩子哭了十几分钟之后，假装去小屋干别的事，当她发泄完了，需要台阶下的时候可以制造机会，不致再造成冷漠的伤害。我只是去干别的事，像一本书里面所教授的办法，进进出出，并不去关注她，但让她知道妈妈就在旁边。第二次我拿东西时，女儿用腿挡住我，不让我出去，这时她已躺到地上了，我就顺势把她抱起来，一句话也没说，只是紧紧抱着她，她仍在大哭，在我怀里扭动身体，又继续大哭了有10分钟，然后，她突然就平静下来，懊恼地说："你怎么不说话呀！"我平静地说："你心里还有什么不痛快吗？"她也平静下来说："没有。"我又说："妈妈跟你说累了，到客厅休息，妈妈低头看报，怎么能看见你举手呢？你要是叫妈妈就能听见了。告诉妈妈，你想要什么？"她说："我想再吃一碗饭。""好，妈妈给你盛。"然后，她就平静而高兴地坐到餐桌前把饭吃完，情绪一直很好。

是有道理的。当孩子哭泣的时候，要判断是否伤心难过，或者仅是为了吸引父母的注意。

孩子哭了十几分钟，应该是伤心、委屈，父母应该关注。

面对孩子的情绪、哭闹，妈妈保持冷静，以理智的心态应对。妈妈适时抱起孩子，给孩子台阶下，没有说什么大道理，而是以实际行动表达自己的爱，接纳孩子的感受，等待孩子自己停下来。然后用"我的信息"告诉孩子妈妈的想法。其间没有任何的指责、抱怨。当孩子的情绪被接纳后，慢慢就会平静下来。

Chapter 1　情　绪　篇　**005**

但当我到厨房，碰到我爱人时，他对我大吼："我对你失望透顶！你就是被那本书给毒害了！"当然，我也和他大吵几句，幸好，女儿正在餐厅吃饭，没有受到影响，而后爸爸也没当着孩子再表露什么。他总认为我把孩子娇惯坏了，而我总认为充满爱、尊重、理解才能培养孩子真正的自信和坚强，因为，冷落高压下并不能培养出真正的自信和坚强，只能造就弱者的沉默和对父母的隔阂。才4岁的孩子，她最需要的是什么？是爱、原则，我怎么会把孩子惯坏？正如以上事例，也许她只是需要父母的关注，也许处于规则没有被遵守的愤怒，也许白天在幼儿园有什么别扭事需要发泄，在人与人之间，谁能明白究竟对方发生了什么事，谁能完全测知孩子的心灵？但有原则的爱，总不会有害吧，我们终其一生最需要的就是爱、尊重和理解，我们有什么理由干巴巴地对待孩子，把孩子像机器一样培养，面对孩子首先是面对另一个生命，生命与生命之间首先是关怀。这就是我们之间观念和认识上的分歧。

妈妈说得很有道理，关键是如何避免与爸爸的冲突影响到菲菲的成长。

我们每个人都需要爱、尊重、理解，爸爸也需要啊！妈妈自己也需要啊！

豆豆妈妈诊断

孩子的话没有傻话，孩子的行为都是有目的的，一般来说，学龄前孩子的行为目的主要是吸引注意和争取权利。您的孩子很聪明，她知道如何做来获得注意。在幼儿园，她表现优秀，从而获得老师的赞赏（吸引老师的注意）；在妈妈面前，她脆弱、依赖、动辄哭泣，妈妈会安慰她（吸引妈妈的注意）；在爸爸面前，攻击爸爸，由于爸爸严厉，会批评她（吸引爸爸的注意）。

孩子一般会采取建设性的行为来达到目的，但是当建设性行为无法达到目的时，他就会采取破坏性的行为。心理学研究表明，凡是满足了行为目的的行为都会保留下来。这样看来，如果父母的行为没有改变，孩子的行为也不会改善。

您说的要让孩子在爱和关心的氛围中成长，这是非常对的。您在整个过程中接纳了孩子的悲伤、委屈，当孩子平静后再表达"我的信息"，告诉孩子妈妈很累，并保持理智，平等与孩子对话，都会让孩子感到被尊重，最后孩子愉快地吃完饭，情绪很好。

您还告诉孩子父母都在客厅，看不到她举手，如果叫妈妈一声更好些，孩子应该学会如何与人沟通，了解到用哭闹的方式并不能解决问题，也学会如何表达自己的情绪，明白只有理智地表达自己的信息才是解决问题之道。在这个过程中，孩子学到了情绪的体察、管理和运用，这正是情商三部曲，您为孩子树立了很好的榜样。

但是，面对爸爸的愤怒、指责，妈妈没有接纳他的感受和情绪，夫妻两人在情绪背景下，在理智的层面上争论，不仅不会达成一致，反而伤害彼此的感情，更对菲菲的成长不利。

父母教育不一致导致孩子爱发脾气

对于吸引注意的孩子，父母的应对方式是"忽视"她，但当她有良好的表现时，"给予注意"，重要的是父母主动"给予"不是"得到"。即菲菲用语言表达自己的想法时，要鼓励肯定她，当她哭闹的时候可以先尝试忽视她。"忽视"并不是不理睬，而是平静地告诉她妈妈在等她说话。然后仔细观察孩子的反应，区分孩子是吸引注意的哭还是悲伤、委屈的哭。这两种哭的区分不是根据"哭"本身来判断，而是根据父母的"感觉"来判断，这样看来，同一种哭，每个人的分类可能不同，反应也不一样。

如果父母感到很烦，可以判断为吸引注意的哭；否则，应该是悲伤、委屈的哭。这两种哭的处理方法正好相反，前一种要"忽视"，后一种要"关注"。正如以上菲菲的哭，妈妈认为菲菲可能是委屈、发泄，就采取接纳孩子的方式应对，效果很好。但是爸爸听到菲菲哭，可能感到很烦，所以爸爸采取

"忽视"的反应。

其实，爸爸妈妈对菲菲采取的反应方式都符合各自的感觉和判断，他们对孩子的处理方式没有不妥，但是他们夫妻二人之间试图让对方接受自己观点的方式出现了问题，两个人都用自己的标准评价对方的反应，都觉得对方错了，导致彼此的不快和冲突。

面对爸爸的愤怒、指责，如果妈妈也有情绪，先不要和对方理论，首先要做的是管理好自己的情绪，让自己平静下来，正如面对菲菲一样。然后把和孩子沟通的技巧用于和爱人沟通，接纳爸爸的不满情绪，表达对爱人的关注、理解和尊重。

其实两个人的目标是一致的，一定可以找到平衡点，夫妻之间更需要互相的理解和支持。两个人可以不一致，可以有不同的观点，只要对孩子的教育有效果都可以用。至少可以达成共识：一方管教孩子时，另一方不要干涉，双方在教育孩子上产生不一致观点时应该在私底下沟通，更应该在情绪稳定的状态下沟通。

🌿2 谁弄坏了我的纸飞机

姓名：田田

性别：男

年龄：7岁

学龄：一年级

简介：7岁男孩田田的妈妈高高兴兴去接孩子放学回家，却被迎面飞来的纸飞机吓了一跳，妈妈开玩笑地用自行车轧了一下纸飞机，没想到却被儿子狠狠咬了一口，妈妈情不自禁地打了儿子。乘兴而去，败兴而归。难道在田田心目中，妈妈还不如纸飞机吗？

妈妈的叙述与疑问

老师，您说这孩子是不是疯了？怎么乱咬人呢？气死我了！

昨天下午我去接田田放学回家，本来高高兴兴的，想着儿子回家后赶紧写完作业就出去滑冰，没想到全被他给破坏了。

事情是这样的，我正推自行车的时候，"嗖"飞过来一只纸飞机，破破烂烂的，正好落在我的车轱辘前，我抬头看见田田正笑嘻嘻地看着我。我以为田田不想要了，都那么破了，就开玩笑地用自行车轧了一下。

没想到田田像疯了一样大哭起来，还飞奔过来狠狠咬了我一口，当时我疼得叫了出来，挥手去打他。田田松开嘴，气哼哼地看着我，两只小拳头紧紧握着，眼睛都快瞪出来了。

豆豆妈妈印象及评价

田田妈妈怒气冲冲，看来今天还真是被气坏了！

在妈妈眼里的纸飞机，破破烂烂，毫无价值，在孩子眼里却是不一样的。看来我们常说的"要用孩子的眼睛看世界"，说起来容易，做起来难啊！

当田田发现自己珍爱的飞机被毁坏的时

"至于吗，一只破飞机，不就轧了一下，有什么了不起，再叠一个不就行了吗，你怎么能咬我！看看，都红了，干吗使那么大的劲，气死我了！"我愤怒极了，大声吼他。看看被他咬过的地方，两排牙印清晰可见。我更是气不打一处来。

"你为什么弄坏我的飞机，呜呜，我好不容易才叠的，里面还有火箭炮呢，你赔，你赔！"田田捡起飞机，一把鼻涕，一把泪。

"哭什么哭，你咬我，我还没让你赔呢，你还有脸哭。上次用铅笔扎同学，我还没找你算账呢。"我更生气了，这孩子怎么攻击性这么强。

新仇旧恨一起涌上心头，推着车，我头也不回地往前走，不理他。这小子竟敢追在后面说："我今天不写作业了！我就不写！"一连说了几遍，我还是不理他。他继续跟在后面挑衅说："我明天也不写作业！"我仍然不理他，但是我真想揍他一顿。

回到家，田田跟在后面上楼，开始拉我的衣服，扯我手中的书包、衣服等，我还是没给他好脸色，我太生气了。他扯一件，我就给他一件，始终不理他。

吃饭的时候我也没和他说话。到了晚上，他回到房间开始写作业，一会儿就写完了。还跑到我面前邀功说："妈妈，我写完作业了。"一副讨好的样子。我也勉强回应他说："嗯，挺好的，写完了就收拾书包去玩吧。"看到我冷淡的样子，田田讪讪走开了，其实我心里挺难受的。

田田总是这样，每次我生气后他都特别听话，该做的事情自觉做完，难道他喜欢我对他发

候，愤怒油然而生，他采取了人的本能反应：咬人。田田妈妈被咬以后，也很生气，她也采取了人的本能情绪反应：喊叫、攻击（打人），以牙还牙。

田田妈妈像孩子一样和田田争论起来，还把陈年旧账也翻了出来。

妈妈先是用本能的攻击行为，紧接着用冷漠、忽视来回应孩子，田田用更强烈的挑衅行为——不写作业来试图激怒妈妈。

看到妈妈没有接招，田田害怕了，开始讨好妈妈。

看起来好像田田很合作，其实是因为田田害怕妈妈生气、发脾气，还可能打他，因而小心谨慎行事。田田为了讨好妈妈，力图按照妈妈的意愿去做：快快写完作业。

脾气？还有，难道在田田心目中，我还不如一只
破纸飞机吗？

豆豆妈妈诊断

试想，如果我们不小心轧到一条小狗的尾巴或者腿，它会如何反应？我们都知道，小狗很可能会嗷嗷叫着，狠狠咬我们一口。对于田田来说，那只纸飞机非常珍贵，就如同自己身体的一部分，甚至超过自己对身体的珍视。田田妈妈用自行车轧到飞机，田田本能反应就是生气、咬人。妈妈认为纸飞机是田田不要的，就半开玩笑地轧了一下，田田的反应让妈妈非常意外，妈妈认为"自己不如纸飞机"而生气、打人、不理田田。

这里我们要分清情绪和行为，人生来就有情绪，喜怒哀乐是人的本能情绪，当人的需要得不到满足，就会有生气、愤怒、恐惧、悲伤等负性情绪，就像人体器官一样，是应该被接受的；但是情绪的表达却是多种多样的，人通常对生气、愤怒的本能反应是攻击行为，就像田田咬人、妈妈打人一样，但是人和动物的本质区别是人能用语言表达情绪，遗憾的是，人们常常不知道如何用语言表达。

当田田发现妈妈没有想象的那样大发雷霆，就采取进一步的挑衅行为（告诉妈妈不写作业）来试图激怒妈妈（根据田田以往的经验，妈妈听到田田不写作业一定会大发脾气），妈妈却还是不理他。这时候，田田害怕了，因为妈妈的反应出乎意料，所以一直想讨好妈妈，不仅完成作业，而且还比平时都快。

田田和妈妈的冲突表面看似乎解决了，但是这种"生气—讨好—听话"的模式不仅伤害了亲子关系，而且不利于田田形成良好的行为习惯，妈妈和田田都没有学习到如何有效表达情绪、如何有效沟通。

孩子宁愿激怒家长也不愿意被忽视

田田和妈妈因为受到伤害而生气的情绪都是可以接受的，但是咬人、打人、漠视孩子的行为却是不可取的。当然，用生气来达到让孩子听话的手段也

是不可取的。

　　当妈妈和孩子同时受到伤害，都生气了，建议妈妈先接纳田田的负性情绪，用接纳的态度和清晰的语言反映田田的情绪状态，比如，"田田，对不起！妈妈以为你不要这个纸飞机了，本来是跟你开个玩笑的。现在看来，你特别珍惜这个飞机，妈妈很抱歉，你特别生气吧？你能原谅妈妈吗？"鼓励田田把自己的想法说出来，说出自己的生气、伤心等，当田田说出这些负性语言后，田田的心灵得到净化，他的情绪会慢慢平静下来，这种"接纳—反映"的过程要持续到田田情绪平稳，然后妈妈可以和田田讨论下一次如何避免这件事情的发生。这种"接纳—反映—讨论"的方式能够帮助孩子学会用语言有效表达情绪和解决问题。

　　处理田田的情绪以后，建议妈妈要用语言表达自己的生气情绪，用"我的信息"的方式把自己真实的想法告诉田田，比如，"田田，当你生气咬妈妈的时候，我感到很伤心，因为你咬得特别疼，我觉得自己在你心目中还不如纸飞机，我希望你下次用语言告诉我你的不满。"

　　这种接纳情绪、引导行为的方式不仅增强了亲子关系，而且教会孩子有效沟通，并进一步培养孩子良好的行为习惯。

3 揭开"校园多动症"的谜底

姓名：小杰

性别：男

年龄：8岁

学龄：三年级

简介：儿子在家乖巧可爱，在学校却有"多动症"，经常给老师捣乱，和同学打架。有一次，小杰把同学的鼻子打出血了，老师狠狠批评了小杰，让他站着反省，还说要找家长。小杰一听要找家长，也失控了，又踢又踹，墙踢脏了，前面同学的桌子也被踢倒了，书本、文具撒了一地。老师让他捡起来，他根本不听……

妈妈的叙述与疑问

我的儿子8岁多了，上三年级。他学习不错，只是在家里和学校表现完全不一样。在家里，小杰是个乖巧可爱的孩子，回到家里就写作业，写完后还会复习。吃饭的时候帮助爸爸妈妈整理餐桌，特别体贴父母，帮父母倒水。我过生日的时候，小杰还用自己的零花钱给我买礼物呢。我常常为有这样的儿子而骄傲，逢人便夸我有一个这么懂事的儿子。

可是有一天，老师向我告状，说儿子在学校上课纪律不好，经常接老师下茬，扰乱正常的课堂秩序，还和同学发生冲突，破坏学校设施，乱踢教室的墙，把同学的学具、书本扔到地上，影响别人学习。

事情是这样的：上课的时候，老师说请同学

豆豆妈妈印象及评价

小杰用好行为得到妈妈的肯定：吸引注意的行为目的达到了，这个行为保持了下来。

小杰用这些骚扰的行为也同样获得了老师的关注，行为目的达到，这些行为将会持续。

们把书翻到第31页，只听到一个尖尖、怪怪的声音说"13页"，还拖着长声。同学们哄堂大笑，老师气得脸都红了。"谁说的？站起来！"

小杰满不在乎地站起来，脸上还带着笑意（这是老师说的，其实儿子长得是笑模样）。老师更生气了："你还笑！站到前面去！"儿子走到教室前面，面朝同学们，老师继续讲课，一会儿就看到同学们捂着嘴想笑不敢笑的样子，根本不听老师讲课。原来儿子在前面做鬼脸呢，你说老师能不生气吗？"转过脸去，面朝墙！"老师也怒了。

老师生气了，小杰的行为目的升级为争取权利：我的行为我做主。老师的反应使得小杰误以为可以用骚扰的方式获得注意。

下课了，老师让儿子继续罚站，不准动，小杰也生气了，嘟囔一句"我要上厕所"。老师可能没听见，就离开教室。这时候，有一个同学就来招惹小杰，哪知道小杰一拳打过去，正好打在同学的鼻子上了，鲜血流了出来。这孩子哭着告诉了老师，老师又狠狠批评了小杰，让他站着反省，还说要找家长。小杰一听要找家长，也失控了，又踢又踹，墙踢脏了，前面同学的桌子也被踢倒了，书本、文具撒了一地。老师让他捡起来，他根本不听……第二节课也不能按时开始。

小杰想在妈妈心里保持"乖孩子"的形象，所以情绪失控了。

我听了老师的诉说后，感到特别惊讶，特别没面子，也特别生气。这是我的儿子吗？回家后我狠狠批评了儿子一顿。但是，从那以后，儿子犯错花样翻新，致使老师和同学的告状成了家常便饭，我训斥儿子也习以为常。而第二天儿子犯错照旧，我感到很烦恼，该怎么办呢？

妈妈打碎了小杰保全好形象的梦想，在家里和学校都用骚扰、犯错误的行为获得关注。

小杰在家里和学校的表现不一样，源于父母和老师对待小杰的行为反应，在家里，小杰通过良好的行为获得父母的关注，行为目的达到，这个行为保留下来；而在学校，小杰的好行为不足以让老师关注到，他尝试用骚扰的行为来吸引老师的注意，发怪声、做鬼脸、扰乱课堂秩序等，成功地达到行为目的，虽然是批评指责，总比被忽视要好得多。父母和老师的反应造就了一个双面儿童。

当老师向妈妈告状的时候，妈妈惊呆之余，非常的愤怒，因为"孩子不听话"。"孩子，你错了！"是父母在生气时最常说的一句话，也是孩子得到的最多信息。这个观念暗示孩子必须为别人（老师、父母）的恶劣感觉负责，也同时衍生出别人要为孩子的负性情绪负责。孩子理所当然认为"父母生气时对我发脾气，指责、批评我，甚至打骂我；那么当我生气时，也可以责怪别人，向别人发脾气，对别人进行武力攻击"。孩子是最好的观察家和模仿家，在父母的模范作用下，一个个暴脾气、攻击家诞生了。

当我们探讨父母生气的原因时，绝大多数父母都在指责孩子这样那样的问题，父母很少想到自己之所以会生气，是源于自己内心的负性想法，不幸事件、应该/必须、无法/不能、自责/内疚等四个原因直接导致父母生气。家长从未想过两个问题：一是情绪的权利在自己，包括决定自己是否生气；二是生气的直接原因是以上不合理的想法。合理的想法是孩子在成长中，错误在所难免，它没有什么大不了、我不必非得如此、我可以接受、我也不必自责。

这里还涉及问题的所有权，即哪些问题是父母要解决的，哪些问题是孩子应该负责任的。小杰上课接老师下茬，课间和同学发生冲突，这是老师或同学与孩子之间的问题，需要他们自己去解决，父母需要从旁辅助，无法直接参与问题解决，更不是"狠狠批评"所能解决的。如果有些父母听到老师告状，感觉没面子，下不来台，尤其是有其他人在场，父母更是无地自容。从这个角度来说，老师告状对父母的生活有所干扰，也引发了父母的问题，需要父母解决。

当然，父母是否生气，是否感觉没面子，这是因人而异的，也是需要思考的。

理智对待老师告状

面对孩子的种种不良行为，尤其是面对孩子在学校发生的困扰，父母无法直接解决，要教会孩子学着解决问题，同时与老师的沟通也十分重要。

首先父母要在理智的前提下（注意：情绪的权利是自己），根据自己的感觉和矫正孩子行为时孩子的反应来判断孩子的行为目的——吸引注意、争取权利、报复、自暴自弃，然后判断问题的所有权，进而选择解决办法。

其次，父母通过积极倾听了解孩子面对的问题，澄清问题的来龙去脉，比如"今天你在学校遇到了不开心的事情，愿意告诉妈妈吗？"等到孩子情绪平静了，再进入下一步。然后，父母应引导孩子用脑力激荡法寻求解决方案，比如"下次遇到这种情况，怎么办？"或者"如果你的好朋友遇到这种情况，他会怎么办？"还可以说"如果妈妈遇到这种情况，妈妈会……"，通过这样的方式引导孩子思考如何解决问题，注意在此阶段，父母不可以加任何的批评和指责。

再次，引导孩子评估所有的方法，一次评估一个方案；下一步是让孩子选择一个最适合他的方案，如果孩子选择了一个父母认为不合适的方案，千万不要断然否定孩子的决定，应让孩子试想此方案可能产生的结果，引导孩子自己否定此方案，再重新选择一个恰当的方案。

最后，引导孩子承诺何时行动和设定评估时间，一般三四天至一周都可以，到时候监督孩子全面评估方案的执行情况。

在这个过程中，面对父母的理智、从容、平静，孩子不仅找到了解决问题的方法，同时也学会了如何管理自己的情绪，可谓双赢。

🌿 4 不想上幼儿园的孩子

姓名： 童童

性别： 男

年龄： 5岁

学龄： 幼儿园大班

简介： "我不喜欢你们了"、"我不想上学了"、"我不想在这个家了，我要出走，尝尝流浪的滋味"……这些耸人听闻的话出自一个5岁的孩子之口，我感到心里一阵阵心悸，现在也会觉得不舒服。有一天晚上我们躺在床上聊天，童童突然问我："妈妈，你觉得这个世界美吗？"我一愣，反问道："你觉得呢？"答："我觉得不美，这个世界又脏、又臭、又丑，上帝造的这个世界不好。"这孩子为什么总说负面的事情呢？

妈妈的叙述与疑问

童童上幼儿园已经2年多了，最近的几个月，常常说"我不想上学了"，一副不高兴的样子。近一个月来，几乎每天都要说，开始的时候，我还认真问他发生了什么事，是不是和小朋友打架了等。他都说没有，就是不想上学。我也问过老师，老师说童童到了幼儿园就好了，都挺正常的。

每次他说"不想上学"的时候，我都特别烦，甚至前一天的晚上我就开始紧张了。昨天晚上我和童童聊天，我就问他幼儿园有什么不开心的事情吗？他说没有，我就说那明天不能说"不想上学了"，他也答应了，我们都挺高兴的，我还多给他讲了一个故事作为奖励。可是今天早

豆豆妈妈印象及评价

"我不想上学了"这句话似乎是专门说给妈妈听的，其中必有缘由。

妈妈特别烦，童童有可能通过这种方式吸引妈妈的注意，而且已经成为童童的习惯，妈妈也是每次中招：掉入童童的"陷阱"。

晨，在去幼儿园的路上，他又说："妈妈，我不想上学了。"

我当时就怒了，说他出尔反尔，不守信用，说好了不说的，还说！童童也吓了一跳，愣愣地看着我，然后大哭。看着童童走进幼儿园，脸上还带着泪珠，我也心痛不已，很后悔自己干吗发那么大的脾气。

在家里，可能由于我绝大多数时候对童童很温和的缘故，我偶尔不怎么温柔的坚持会让童童情绪很激动，如果加上他爸爸在一旁表示对我的支持，那就更糟了，轻则他会说"我不喜欢你们了"，重则会大哭，说出一些让人意想不到的话，诸如"我不想在这个家了，我要出走，尝尝流浪的滋味"……当时心里一阵心悸（现在也会觉得不舒服），但还好，我都保持了镇定，很平静地问他："你知道什么是流浪吗？"他说就是不回家，我又问，你知道不回家会怎么样吗？答不知道，我趁机把不回家的坏处仔仔细细地描述了一番，听着听着，他倒是平静了，我又借机表达了一番对他的爱，事情算是过去了。他倒是很快从情绪中摆脱出来。

我猜想，孩子这样激烈的言辞很可能是他对妈妈严厉的反抗，以及对由此带来的害怕的宣泄。可这孩子怎么会用这样叫人胆战心惊的言语？这些言语所涉及的事情应该完全不在他的经验范围内，我是说我们周围并没有这样的事情，我们也没有谈论过，电视，我们更是基本不看，不知道他是从哪里了解这些事的。

联想起有一次和童童的谈话，我更是困惑。有一天晚上我们躺在床上聊天，童童突然问我：

父母生气后通常会后悔，明知生气无效，却也难以改变，这也是习惯的力量。

童童对妈妈非常不满，又不会正确表达，因而说出极端的话来。这里要注意的不是孩子选择的语言，而要关注童童的情绪，即非语言信息。

妈妈的猜测是对的，只是不要太在意童童"叫人胆战心惊的言语"。

孩子看到世界的一个面，家长如果能引导孩子看到另一个面，

"妈妈，你觉得这个世界美吗？"我一愣，反问道："你觉得呢？"答："我觉得不美，这个世界又脏、又臭、又丑，上帝造的这个世界不好。"我赶紧从他经历过的地方、事情里找一些美好的东西，说："你看，这个世界上还是有这么多好的地方呀。"

岂不两全其美吗？关键是：引导孩子自己说出来，这个过程非常重要，不要急于给孩子结论，让孩子失去思考的过程。

豆豆妈妈诊断

3~6岁孩子的活动范围由家庭延伸到了幼儿园，不仅有了一些功课和学习的活动，而且也开始体验群体的生活，他们的认知、情感比以前发展得更为成熟、复杂，所用的词汇也丰富得多，难免用错词汇，他们说的话带有情绪和目的性，父母要分清楚才能有效应对。

有时候，孩子为了表达他的情绪强度，会说一些极端甚至令父母伤心难过的话，如果父母不了解孩子这一时期的特点，难免被孩子牵着鼻子走，甚至怀疑自己的教育能力。

对于童童的话，妈妈要分清楚情况，如果童童说"我不想上学了"、"我不想在这个家里待了"、"我要流浪"、"我不喜欢你们了"等，伴随着明显的情绪反应，比如伤心、难过、哭泣、愤怒、生气、失望等（父母可以通过观察而判断），表明童童需要情绪的安慰和关注。如果童童说这些话的时候，非常平静，几乎没有明显的情绪反应，而且经常说，最重要的是父母有明显的情绪反应：特别烦，表明童童有吸引注意的行为目的。

这个判断非常重要，因为这两种分类决定了父母要采取哪种反应，而且是截然不同的反应。

家长的智慧在于正确区分孩子的话，是负向情绪还是吸引注意

如果父母判断童童的话是吸引注意，首先，父母要先停顿一下，深呼吸，

处理一下自己"烦"的情绪，同时忽视他的不当行为（比如"我不想上学了"这句话），然后转移注意力或引起孩子帮忙的兴趣，比如"童童，我知道一个非常好听的故事，你想不想听？"或者"童童，今天放学回家，你想玩什么游戏？妈妈陪你玩，好吗？"引导孩子讨论愉快的、感兴趣的话题。切忌就事论事，讨论孩子"不想上学"这件事，从而陷入孩子的"陷阱"，并且误导了孩子：要用这种方式达到自己的行为目的，孩子因行为目的的达到而重复这句话。

如果孩子伤心、难过、沮丧、生气等，父母要用积极倾听的态度和技巧应对。积极倾听就是指父母像一面镜子那样，把孩子说的话或表达的感受接收过来，然后再反映回去，不加自己的任何评价和判断。例如，童童说"我不想上学了！"父母可以这样重复他的话："你是说你不想上学了？"或者用自己理解的意思说："你的意思是在学校遇到了问题？"如此一来，一方面让孩子感受到他已被了解，另一方面也帮助他学习更清楚地表达。

积极倾听是一种尊重孩子感觉的态度，表示愿意真诚地了解孩子字面上的意思或隐藏于背后的意思。积极倾听也是一种技巧，父母可以按照下述的过程来练习。

1. 专注的态度：用肢体语言表示关心孩子，对孩子的说话有兴趣。例如，停下手边做的事，转身注视着他。如果自己是站着的，则要弯下腰或蹲下身，和孩子相互平视，表示出专注和尊重，或者坐下来，把孩子抱到胸前或腿旁，然后身体向前倾，注视着他。

2. 倾听并推测孩子的感觉：在全心聆听孩子之后，想一想孩子的感觉可能是什么。

3. 陈述或澄清孩子的感觉：把自己清楚了解到的孩子的意思说出来。例如，童童说"我不想在这个家里待了"、"我要流浪"、"我不喜欢你们了"等，妈妈可以说"你感觉很生气，因为妈妈不让你现在吃冰激凌？"或者"你感觉很伤心，因为不能玩游戏了？"

这种"你感觉……因为……"的简单公式是积极倾听常用的。刚开始使用时会觉得呆板，但熟练之后可以灵活、有变化地应用。例如，"你特别生妈妈的气，你希望妈妈如何做？"或者"你觉得妈妈这样做非常不公平，你很生气，对吗？"

用这种积极倾听的态度和技巧可以帮助孩子平静下来，然后和孩子讨论如何解决他们遇到的问题。当孩子把这些负性的情绪宣泄以后，他的心灵得到净化，他会忽视那些不美好的东西，更多关注美好的事物。所以说，父母是孩子灵魂的净化器。

5 除了哭，你还会什么

姓名：欣欣

性别：女

年龄：8岁

学龄：三年级

简介：欣欣不愿主动和人交往，有什么想法，也不说出来，问多了，就哭，真急人。欣欣以前是长头发，我觉得她剪短发比较好看。就劝她剪短发，刚开始她不同意，后来也同意了，可是剪完后，每次看到镜子里的自己就哭，问她哭什么，她也不说。我觉得短发挺适合她的，很好看，而且她事前也同意了，我就劝她接受这个事实，她反而哭得更厉害。我都不明白为什么。

妈妈的叙述与疑问

欣欣不愿主动和人交往，有什么想法，也不说出来，问多了，就哭，真急人。欣欣以前是长头发，我觉得她剪短发比较好看。就劝她剪短发，刚开始她不同意，后来也同意了，可是剪完后，每次看到镜子里的自己就哭，问她哭什么，她也不说。我觉得短发挺适合她的，很好看，而且她事前也同意了，我就劝她接受这个事实，她反而哭得更厉害。我都不明白为什么。

上周末，我们全家去奶奶家，欣欣和哥哥玩扑克，哥哥（堂哥）老是训斥她，一会儿说出错牌了，一会儿又说她太慢，欣欣也不敢说话，低着头、噘着嘴，很不开心。

我都看不过去了，又不好说哥哥什么，只

豆豆妈妈印象及评价

看得出来，妈妈快人快语，是个急脾气！比较强势，替欣欣做决定，欣欣比较勉强同意剪短发。

欣欣习惯于用表情表达情绪。

妈妈等不及了，习

能对欣欣说："欣欣，你告诉哥哥你是怎么想的。"

看到欣欣还不动，我又说："欣欣，你就说'让我想想，给我一分钟。'"我有点不耐烦了："难道你是哑巴吗？不会说话啊！"欣欣的头更低了，我感觉她快哭了。我也是急啊！

爷爷奶奶、叔叔婶婶也说哥哥："你耐心点，别老催妹妹，让妹妹想想。"又对欣欣说："欣欣，你也说话呀，你不说，哥哥就不知道你是怎么想的。"大家你一言、我一语地说哥哥、欣欣，看似批评哥哥，其实也有很多对欣欣的埋怨，有点恨铁不成钢的感觉。

欣欣依然一言不发，眼泪却下来了，委屈极了。我是痛在心里，急在嘴上："要不，就别玩了！"我有点生气了，上去一把拉起欣欣："走，回家去！"欣欣被我拉起来，一直哭着出了奶奶家，背后是一群惊愕的面孔，我知道他们一定很扫兴，可是已经不能回头了。真是开心而来，沮丧而归。

这种懊丧的情绪继续刺激着我，我像着了魔一般冲着欣欣嚷嚷："都是你的错，玩牌还不开心。不愿意玩就别玩了，干吗非得像个受气包坐在那里！让人看着就心烦。"我一边走，一边意犹未尽地唠叨着。

欣欣还在哭，"除了哭，你还会什么？"我站住了，看着她可怜的样子，气不打一处来，"有话就说，别老是哭哭啼啼的，烦死了！你到底想干什么？要气死我吗？"我像一头发怒的狮子，咆哮着。拉着欣欣快步走起来，一腔的怨气、怒气无处发泄，无名火在心中升起。

惯冲在欣欣前面。

妈妈替欣欣着急，想替欣欣解决问题，结果是无效、挫败而生气。

没有人理解欣欣的感受。

又是妈妈替欣欣决定了，忽视欣欣的感觉。

妈妈生气了，抱怨、指责欣欣，认为都是欣欣惹的祸。

妈妈情绪失控了，而且越说越生气，欣欣委屈极了！

我真不明白，欣欣到底是怎么想的？为什么不把自己的想法说出来？为什么只会哭？我怎么会有这样的女儿？望着泪眼迷蒙的欣欣，我觉得她很可怜，我也很后悔刚才的举动。颓坐在床上，无奈侵袭了我，真想帮助女儿坚强起来，可是该怎么做呢？

妈妈是个控制型的人，希望一切事情都在自己的掌控之中，包括女儿的行为，但这是不可能的。

豆豆妈妈诊断

欣欣妈妈是理智型父母（通常也是控制型的），总是按照自己的喜好来要求孩子。当孩子的行为模式不符合自己的期望，就会全力改变孩子，直至符合自己的要求。如果不能改变，就会挫败、生气、发脾气。他们很少从孩子的角度看问题，很难理解孩子的感受。他们的特点是遇到问题，理智思考，全力解决，希望能够控制；如果失控，就会感到挫败，即从理性到感性。

欣欣是感性的（孩子通常都是感性的），遇到问题，先是伤心、难过、沮丧等，等到情绪曲线走完（情绪曲线是倒U形的，随着时间从低到高，再到低的过程），才会理智思考问题，寻找解决办法，即从感性到理性的过程。这个过程通常不是自动的，需要父母的引导和帮助。

面对欣欣遇到的问题，妈妈通常在理性的层面和欣欣讲道理，替欣欣做决定，忽视了关键的核心因素——欣欣的情绪。比如剪短发，妈妈从理性的层面来看，欣欣自己同意剪发，没有理由哭；欣欣迫于妈妈压力同意剪发，情绪上不能接受，感到伤心而哭泣。欣欣和妈妈不同步，母女俩处在不同的层面，根本无法沟通，也就无从解决问题。同样的事情发生在爷爷奶奶家，欣欣和堂哥玩牌时，妈妈关注的是理性解决问题的办法，比如妈妈对欣欣说："欣欣，你告诉哥哥你是怎么想的。""欣欣，你就说'让我想想，给我一分钟。'"这些都是站在妈妈的角度想出的理性办法，对于处在感性（情绪）阶段的欣欣，没有任何作用。

当妈妈努力想出各种解决办法却无效时，妈妈的情绪也会出来（感性），生气、抱怨、指责欣欣，一股脑地甩给了欣欣。我们可以设想，欣欣自己的情绪尚未纾解，又要承载妈妈的情绪，双重压力叠加，欣欣陷入情绪之中而不能自拔。

接纳孩子的情绪才能帮助孩子解决问题

面对欣欣的问题，妈妈首先要停一下，仔细考虑这个问题是孩子的需要，还是自己的需要。比如欣欣剪短发，如果是妈妈没有时间给欣欣梳头、洗头，可以给孩子两个选择：剪短发或者自己学习梳头、洗头等，应该由欣欣自己决定，并承担相应的行为结果（自己梳头发、洗头等），同时和妈妈约定在一定时间内如果自己不能梳头、洗头等，就要接受妈妈的建议——剪短发。让孩子自己做决定，给孩子体验的机会，孩子感到被尊重会更有自信。

妈妈要尊重欣欣的感受，不要对孩子的问题包办代替。收起替孩子解决问题的手，伸出关爱的手，站在欣欣的角度看问题，关注欣欣的情绪和感受。比如，当欣欣选择剪短发，事后后悔，见到镜子里的自己哭泣时，妈妈不要从理性的层面与欣欣沟通，而要从情绪的层面接纳欣欣的难过、伤心，积极倾听孩子的心声，鼓励欣欣用语言表达自己的感受。可以说"欣欣，你看起来很伤心难过，愿意和妈妈说说吗？"当欣欣说出自己的感受（无论是什么）时，妈妈一定要像镜子一样反映欣欣的情绪，不要用自己的价值观评价欣欣，不要说"短发挺好看的，挺适合你的"、"别担心，过几天就长长了"等。这样的沟通能够净化孩子的心灵，当欣欣的情绪慢慢平静下来（情绪曲线走完），才能进入解决问题的阶段。

此外，妈妈一定要分清问题的所有权，把孩子的问题还给他们，相信欣欣有能力解决自己的问题。比如，欣欣和堂哥玩，妈妈虽然很着急，但一定要掐住自己的喉咙、拉住自己的手，不要总是冲在前面，替欣欣解决问题，要让欣欣有机会自己面对问题。无论结果是继续和堂哥玩，还是生气回家，都应该尊重欣欣的选择。事后，妈妈可以和欣欣讨论如何解决这个问题，并加以练习。

最后是妈妈的情绪控制，让孩子了解妈妈生气的原因和控制情绪的方法，不仅给欣欣树立了打败情绪魔的榜样，更有助于孩子的问题解决。

🌿6　都是儿童椅的错

> 姓名：明明
>
> 性别：男
>
> 年龄：7岁
>
> 学龄：二年级
>
> 简介：明明都上二年级了，却老是和弟弟过不去，连坐车都要和弟弟争高低，原本快乐的全家周末行，瞬间变成弟弟哭、哥哥闹的局面，我生气了，抱着弟弟上了车，坐在前面。明明也愤怒地上了车，还把水瓶砸过来，打到了弟弟。爷爷特别生气，教训他不懂事，怎么能打弟弟呢。本来一件高兴的事，因为明明的胡闹而搞得大家都不开心。

妈妈的叙述与疑问

周六早晨，我们一家人要去叔叔家玩，爷爷、爸爸、我还有明明（哥哥）和然然（弟弟）。本来一件高兴的事，因为明明的胡闹而搞得大家都不开心。

然然的儿童椅特别占地儿，所以我事前和明明说好，我抱着他坐在前面，让弟弟和爷爷坐在后座，他爽快答应了。

可是上车时，弟弟看到我抱着明明坐在前座，而不是让他坐儿童椅，闹着想让我抱着他前面，而我不假思索让明明坐到后面去，我抱着然然坐前面。就这么一件小事，哪知明明就是不同意，爷爷和爸爸也说哥哥应该让着弟弟，和爷爷一起坐后面多宽敞、多舒服。

哪知道明明号啕大哭，边哭边说："说好的

豆豆妈妈印象及评价

真的是胡闹吗？妈妈不知道小哥儿俩都要争妈妈的宠爱呢。

明明受到重视，又可以和妈妈在一起，因而表现出懂事、谦让的美德。

明明因为再次被要求让着弟弟而哭闹，他误认为妈妈不喜欢自己。

我坐前面，你们不守信用，偏向弟弟，你们喜欢他，不喜欢我，呜呜……"这都哪儿跟哪儿啊！

任我和爷爷如何劝说都无效，这时候，弟弟也哭着、闹着非要坐前面。我生气了，抱着弟弟上了车，坐在前面。明明也愤怒地上了车，还把水瓶砸过来，打到了弟弟。爷爷特别生气，教训他不懂事，怎么能打弟弟呢。

我也非常生气，把他拉到一边，没想到他声嘶力竭大哭，还一边喊："我不走！"我觉得特别没面子，脸上火辣辣的，恨不得把他的嘴堵上。我咬牙低声呵斥："闭嘴！"他还是大声哭，他知道我在外面不能把他怎么样。

"我们不去了！回家！让爸爸带着爷爷和弟弟去吧。"我想把他拉回家里，他死活都不回家，连声求饶："妈妈，让我去吧！我想去叔叔家。""妈妈，你别打我，你批评我吧，我错了，我坐后面。让我去吧，妈妈。"

我停住脚："好吧，第一，你要向爷爷道歉，第二，你要向弟弟道歉。"他答应了。

回到车前，他向爷爷和弟弟道歉，爷爷说早这样不就没事了。锣鼓喧天半小时后，车才启动了。

这种事经常发生，每次总是这样，好好说、讲道理都没有用，直到我发火了，骂他一顿，甚至打他几下，事情才能解决。为什么总是这样！

妈妈生气了，明明的行为目的是争取权利，即我的行为我做主。

当明明发现自己争取权利的行为目的已经达到了（高大成熟的妈妈像自己一样发怒了），反而平静了：认错、道歉、屈服。但这只是表面的，下次依然故我。

豆豆妈妈诊断

孩子说的话没有傻话，孩子的行为都是有目的的。在了解孩子的行为目的之前，我们必须了解孩子成长的动力，最重要的是寻求归属感和一席之地，这也是情感需求、被接纳需求和注意力需求等的核心。它的满足来自两个方面：一是受到团体其他成员的尊重和接纳；二是自己对团体有所贡献、能力有所发挥。

对孩子而言，家是孩子最开始、最重要的团体，父母的认同、尊重、接纳是孩子自我价值观形成的核心。随着孩子的成长，他所接触和参与的团体逐渐扩大、增加，如邻居伙伴、学校班级、社会、工作单位等，而且都会以相同或不同的行为方式寻求这种心理需求的满足。这种归属和一席之地的需求衍生出七种行为目的，分别是获得注意、争取权利、报复、自暴自弃、追求兴奋刺激、寻求同伴接纳、表现优越感。一般12岁以前的孩子主要是前四个行为目的。

妈妈本以为弟弟太小，坐儿童椅，要占两个人的位置，所以事前和明明商量好，要明明做出牺牲：和妈妈挤在一起坐。不管明明是出于谦让，还是终于可以和妈妈坐在一起（自从弟弟出生以后，妈妈大部分时间是被弟弟独占的），总之，明明感到了自己的重要性（一席之地：妈妈重视自己，而且自己对这个家是有贡献的），明明同意了妈妈的建议。明明的归属感和谦让一致时，就可以做到谦让。

可是弟弟的行为出乎妈妈的预料，他也想和妈妈挤在一起，用他的独门武器"哭闹"法，想要独占妈妈。妈妈又一次决定让明明做出牺牲。明明感到委屈，感到自己的不重要，归属感和谦让发生矛盾时，明明不再谦让，而是据理力争，家庭悲喜剧爆发了。

弟弟出生几年来，明明和弟弟的"争夺妈妈战"应该是一直持续的，难道明明不知道任性的后果吗？不，明明知道，但是这口"恶气"难出啊！主导明明行为的是人成长的动力——归属感，明明毕竟只有7岁。

明明妈妈认为大的让着小的，哥哥让着弟弟，弟弟可以任性，哥哥必须谦让，这是天经地义的事情。有时候这却和孩子成长的动力"归属感"或"一席之地"相违背。长期的谦让使得明明误认为自己在家里是没有价值和地位的，在妈妈眼中是不被重视的，因而更加的固执、自卑。

哥哥哭闹有原因：要和弟弟争妈妈的爱

了解了孩子成长的动力和行为目的的规律后，我们知道孩子有任何行为（好的行为、不好的行为）都是正常的，哪些行为保留下来，哪些行为被淘汰，关键在于家长的反应，鼓励、肯定、批评、指责等都是可以满足孩子行为目的的反应。如果家长吝啬鼓励肯定好行为，大肆批评指责不好的行为，可想而知，孩子的不好行为将会越来越多。

这样看来，妈妈希望明明谦让弟弟，这是表现出来的行为，要想让这个行为保留，就要用满足明明归属感的方式方法，例如，事前和明明商量是个好办法，可以满足明明的行为目的，他自愿谦让（行为保留）。也可以把问题抛给明明，比如，妈妈为难地说："明明，妈妈知道你已经谦让弟弟了，宁可自己没有座位，也让弟弟占两个位置，可是现在弟弟却要和妈妈挤在一起，怎么办呢？"引导明明自己解决问题。这样，既肯定了明明先前的谦让行为，使他获得归属感，强化谦让行为，又再一次满足明明"一席之地"的需要，明明谦让的可能性会比较大。

如果明明坚持坐在前座，妈妈可以再次为难地说："明明，你看弟弟一直在哭，咱们也玩不好，你有什么办法哄哄他吗？"或者说"哥哥和弟弟都要和妈妈在一起，给你们5分钟，你们两个商量怎么办吧，妈妈相信聪明的明明和然然一定能想出办法来。"也许明明和然然自己就找到解决问题的办法呢，相信孩子是父母给予孩子的最好礼物。当然，下次出发前，妈妈把这个问题提出来，让小哥儿俩商量座位安排，可能出行会更顺畅。

关键是妈妈要了解明明和然然的行为目的，控制好自己的情绪（生气时：一离二吸三凉水，否则，孩子争取权利的行为目的达到了，行为却并不会改善）；另外，妈妈不要卷入小哥俩的矛盾中去，并且不要太多关注明明和然然不好的行为，而要更多肯定明明和然然好的行为，鼓励他们的合作和问题解决，明明一定会越来越谦让，然然也会越来越懂事，小哥俩都会更加有责任感和自信心。

7 爸爸妈妈，你们不爱我了吗

> 姓名：彤彤
>
> 性别：男
>
> 年龄：5岁半
>
> 学龄：学前班
>
> 简介：彤彤上了学前班，总是惹是生非，不是拿铅笔戳小朋友，就是抢小朋友的玩具，老师经常"告状"。一看到老师的电话，妈妈就心惊胆战。严厉管教儿子，却导致儿子误解。有一次，彤彤问妈妈："妈妈，你老是发脾气、还打我，你不爱我了吧？你们不要我了吗？"

妈妈的叙述与疑问

彤彤特别淘气，总是坐不住，还招惹小朋友。下半年他就上小学了，我把他送到学前班，想让他规矩规矩，让老师帮忙给他收收心，没想到他在这个班上不仅老毛病没改，还添了许多新问题。不是拿铅笔戳小朋友，就是抢小朋友的玩具，人家不给，他还打人。老师老给我打电话，一看到学校的电话，我就心惊胆战。

给小朋友买东西，去看望人家，给人家道歉，看人家的脸色，我都不怕，但是特别担心哪天彤彤把谁打坏了，或者他被人家打坏了，都愁死了，唉……现在家家都是一个孩子，谁家的都是宝贝啊，我看了都心疼，何况人家的父母呢。

彤彤小时候总被欺负，经常受伤。爸爸心疼孩子，就说你要反击，谁打你，你就打他；要不然，别人打你，你不还手，回家来爸爸还要再

豆豆妈妈印象及评价

彤彤妈妈精致的脸上布满了愁容，眼泪不自觉地滚落下来，说起儿子的问题，似乎一下子老了几岁。

妈妈的担心不无道理，谁受伤了，做妈妈的都担心啊。

家长的不稳定，导致教育标准的两极化，使得孩子价值观混乱，

打你一顿。现在可好，他成了欺负人的孩子，走极端了。最近，爸爸又说你敢在学校打人，回家来，我就打你。彤彤被搞糊涂了，我们也不知道如何教彤彤和小朋友好好玩，到底要怎么办呢？

最近彤彤的情绪特别容易失控，和小朋友玩得好好的，他会突然因为一点小事就大哭大喊（比如人家不小心碰了他一下，或者把他的玩具碰到地上等），他就好像受到多大的委屈一样，非让人家赔给他，顺了他的心，他才满意。特别不容人，小心眼儿。我和他爸爸都不是这样的人，不知道他为什么这样。

还有他特别不听话，让他干什么，他偏偏不干，还经常反着来，气死人了。有时候，爸爸急了就打他两下。昨天让他弹钢琴，他胡乱弹两下就不认真了，东张西望，一会儿要喝水，一会儿找东西，一会儿又说手痛，开始我们都耐心满足他，就怕他又不顺心而胡搅蛮缠。怕什么来什么，他好像成心的，没完没了地折腾，就是不弹琴，1小时过去了，也就弹了不到20分钟。我和他爸爸的火被一点点激起来，最后，爸爸拿着小木棍威胁他，如果再动，就打他；我也两手叉腰、怒目而视。

彤彤特别委屈，一边哭一边说："爸爸妈妈，你们不要我了吗？"我们都愣住了，5岁多的小男孩，他怎么这样说啊！为了给他买钢琴，为了让他有个好的未来，我和爸爸把电视机都卖了，每天陪他学习、写作业、弹琴，一点娱乐生活都没有，他还不知足，现在的孩子真让人捉摸不透。

父母的错误引导使得孩子行为失控。

彤彤的安全感低，自我保护意识强，时刻处于防御状态，认为别人都会伤害自己。

爸爸妈妈的高期望对于孩子和父母都形成很大的压力，无处释放。彤彤想逃避，爸爸妈妈想抓住彤彤，两股力量激烈冲撞，互不相让。

爸爸妈妈放弃自己的娱乐生活，一心一意为了孩子，殊不知孩子不买账，反而认为父母不爱他，这种反差令人寒心，也应该反思。

豆豆妈妈诊断

在成长过程中，父母的错误引导让彤彤无所适从。在和小朋友相处时，爸爸先是告诉孩子要反击、还手，然后又告诉彤彤不要打人，要好好玩，唯独没有告诉彤彤如何和小朋友好好玩。对于彤彤来说，高大威猛的爸爸是他的榜样和崇拜的偶像，打和不打都是爸爸说的，到底要怎么样呢？彤彤迷惑了，行为失去方向，也就失去了控制，随性而动，表现出攻击性增强，和小朋友冲突不断升级，爸爸妈妈也被搞得团团转。

另外，彤彤小时候经常被欺负，安全感低，自信心弱，误以为所有的人都要伤害他，包括他的爸爸妈妈，时刻处于防御状态。小朋友的无意碰撞、爸爸妈妈让他弹琴等，彤彤都认为是别人故意为难他，想伤害他，甚至认为爸爸妈妈不要他，彤彤采取本能的大哭大闹、攻击性行为以反击和保护自己。

彤彤的情绪不稳定还和爸爸妈妈的高期望有关，望子成龙心切的爸爸妈妈，过度关心彤彤学到了什么，忽视了彤彤的感觉和兴趣。他们只关注彤彤弹琴的手形、姿势、时间、态度等客观因素，却忘记了最重要的主体——彤彤，丢了西瓜捡芝麻。彤彤不喜欢被忽视的感觉，就用各种骚扰的方法来吸引父母的主意，喝水、东张西望等，直到父母被激怒，彤彤的行为目的达到了。虽然彤彤不喜欢被打，但总比被忽视好得多。

这也是家长的通病，威逼利诱的方法，不仅伤害了亲子关系，也抹杀了孩子的主观能动性，制造出大批的"木偶人"、"学习机器"、"行为失控者"，他们感受不到学习的乐趣，甚至厌学。

父母前后不一致地替孩子解决问题 导致孩子没有安全感

针对彤彤安全感低、自信心弱、情绪不稳定、攻击性强等特点，建议父母先从彤彤的情绪稳定性开始。当彤彤遇到不如意的事情时，父母首先确保自己的情绪稳定，然后平静温和地积极倾听彤彤的感觉，接纳他的感受，并用父母的语言重新叙述一遍，比如"同学碰到你，你觉得很痛，是吗？""你的意思是小明没有经过你的同意就拿了你的笔，你很生气，是吗？"用这种反映的方式向彤彤说明他的感觉是被接纳的，被尊重的，当彤彤情绪平静以后，再和彤彤讨论如何解决这个问题。

在讨论过程中，父母一定要耐心听取孩子的想法，不要先入为主地给孩子解决方法，要让孩子体验自己解决问题的过程，这个过程中，父母的作用是引导，比如"你很生小明的气，如果是我，我也会生气的，但是打人是不对的。下次遇到这种情况，你怎么办？"引导孩子自己找到积极的办法。父母不要武断评价孩子的方法，只要方法不伤害孩子和他人，就让孩子试行，之后再讨论效果如何。通过这样的问题解决，孩子感到情绪被接纳、被尊重，他就会积极思考，找到最适合他自己的、行之有效的方法。

父母用这种接纳—反映—讨论—引导的方法，让孩子分清情绪和行为，感到父母的尊重和理解，如果这个方法有效，他就会和小朋友和平共处，安全感增强，攻击性降低。

8　谁偷了我和儿子的快乐

姓名：凡凡

性别：男

年龄：12岁

学龄：六年级

简介：儿子已经上六年级了，可话多的毛病依然没有改变。他曾经跟我说：我知道讲话不好，可有时好像不能控制自己。我为他陷入了担忧的境地而不能自拔，每天都提心吊胆的。而且一提起他的学习，我和他就好像被施了魔法，失去了快乐，几乎每天都会争吵，我们俩的情绪每天都是沮丧、愤怒、着急，就像被"情绪魔"控制了一样，无论如何也走不出来。

妈妈的叙述与疑问

我的儿子今年12岁，上六年级了，明年这时候就该升初中了，所以我迫切需要改变目前我和儿子不好的心理状态，也许更多需要改变的是我，可是我发现改变自己真的很难啊。

我儿子从小就比较好动，因此招来了我不少的训斥，我总希望他是文静的、乖巧的，可事实总是事与愿违。而更糟糕的是我愚蠢地采取了错误的方法，比如训斥、打骂、恐吓等（他上幼儿园时，我曾经吓唬他说要把他送给别人)，导致他现在跟我顶嘴、固执等一些不好的行为表现。

我曾一度怀疑他患有多动症，可当我看到他认真看书时的样子，又在内心责怪自己怎能无端给他乱扣帽子呢？多动症的孩子怎能一动不动地看书这么久呢？可离开了书，来到学校，来到人

豆豆妈妈印象及评价

非常好，妈妈意识到自己需要改变，似乎也做了一些努力，好的开始啊。

妈妈意识到是自己错误的教育方法导致了儿子目前的状态。

妈妈一直想理解儿子的行为，却仍然很困惑，好在妈妈看到凡凡的进步了。

多的地方，他立即就换了一个人，话也多了，动作也多了，整个人的神经处于强势兴奋状态，似乎想要吸引所有人的眼球来注意他，完全不能自控，不过现在这种现象已经有所改善，要比三四年级时好些了，随着年龄的增长似乎在改善，但是对于同班的孩子来说，凡凡的行为非常过分。

新学期开学第二天，儿子就因为排队时讲话被老师罚，老师将他的座位调到讲台旁，儿子为此非常沮丧，回家时眼泪汪汪，我问他准备怎么办，他说用一段时间改变自己，让老师再把自己调回去。我不知道他能不能做到控制自己不乱说话，因为他曾经跟我说：我知道讲话不好，可有时好像不能控制自己。我为他陷入了担忧的境地而不能自拔，每天都提心吊胆的。

> 儿子也要改变自己，母子俩都有改变的意愿，太好了。

现在，我和我的儿子就好像被施了魔法，失去了快乐，几乎每天都会争吵，只要一提起他的学习，我们就会争吵不休，而我只要一想起他的学习不尽如人意，我的情绪便跌入谷底，无论怎样也找不到快乐的心情。我和他的情绪每天就是沮丧、愤怒、着急，就像被"情绪魔"控制了一样，无论如何也走不出来。当我皱着眉头、不耐烦的表情出现时，儿子对我说：妈妈，我讨厌看到你这个样子，你能不能不要这样啊！而我却说："你以为我想这样吗？你如果表现好一点，我也不会这样！"我现在很憎恶自己控制不了情绪。

> 控制情绪是母子两人的核心问题。

我真的很害怕，这样下去，儿子会被我害成什么样子！也许会毁在我这个妈妈手上！我该怎么办呢？

豆豆妈妈诊断

凡凡的好动和妈妈的期望（文静、乖巧）形成强烈的反差，为了让儿子就范，妈妈采取了错误的教育方法：训斥、打骂、恐吓等，除了伤害亲子关系外，更让凡凡学会了顶嘴、固执等行为，同时也学会了不恰当的情绪表达方式——每天争吵不休、言语伤人（"我讨厌看到你这个样子，你能不能不要这样啊"）。

情绪具有传染性，妈妈和凡凡的负性情绪（沮丧、愤怒、着急）互相传染，此起彼伏，导致情绪失控状态下的恶语中伤，彼此发泄，好像敌人一样的仇视敌对，精疲力竭，却忽视了真正需要解决的问题——凡凡的学习、凡凡的学校表现等。

凡凡的逆反还要考虑年龄因素，12岁男孩快要进入青春期了，冲动、逆反、莫名的烦恼、情绪不稳定等都是正常的，这个时期的孩子需要父母、老师的理解和陪伴，帮助他们走过这一程。

凡凡的多动应该不是病态的"多动症"，而是通过不当行为（说话等）来满足自己的行为目的，这对12岁的凡凡来说已经成为一种习惯。打破原有的习惯，建立新的习惯（通过好行为获得关注）是一个漫长而艰巨的过程，虽然凡凡意识到要改变自己（知），知行合一（在行动上完全做到）更需要父母老师的宽容、鼓励、肯定，从而强化凡凡改变的决心和行动。

改善的基础是重塑良好的亲子关系

妈妈和儿子都意识到要改变自己，这已经成功了一半。对于妈妈来说，首先要重新建立良好的亲子关系：停止对儿子的抱怨和指责，每天发现儿子的进步（哪怕一点点），并用明确的语言告诉凡凡，重新认识自己的儿子；其次是掌握控制自己情绪的方法："一离二吸三凉水"，即妈妈生气时，先强制自己暂时离开孩子一会儿，然后进行深呼吸4~5次（每次的呼吸越长越好），还可以用凉水洗脸，让自己冷静下来；因为这时候教育孩子，其实是教训，达不到教育的目的，而且伤害彼此的关系。最后，当妈妈的情绪稳定后，要积极倾听孩子的心里话，接纳孩子的情绪，理解他的感受，帮助他平静下来。

比如，当凡凡讲话被老师罚，非常沮丧，眼泪汪汪，这个时候妈妈首先不要着急和孩子讨论解决问题的办法，要先积极倾听孩子的心声，让他把对老师、对自己的感觉和情绪都说出来，无论他说什么，您只要耐心听并接纳他，不发表自己的观点。接纳并不表示同意，接纳只是向孩子表明父母理解或知道了孩子想表达的意思。注意：父母好像镜子，对孩子的话不要有任何的评价，只要全盘拿过来就好了。这并不容易，因为可能孩子的话带有情绪性，根据父母的价值观，是不可以接受的，父母总想说几句，请闭上批评、指责孩子的"嘴"！

当孩子感到父母的接纳，他的负性情绪已经倒给父母了，孩子的心灵得到净化，这时候再和孩子讨论如何解决问题。如果孩子情绪激动，要继续接纳孩子的情绪，直到他平静。孩子有改变自己的意愿，妈妈可以和孩子讨论具体的做法，引导孩子想出解决问题的办法，并鼓励孩子实施。

实施目标的过程要符合简单性原则，即设定小的目标，一小步、一小步地向目标迈进，孩子容易做到，体验成就感。即使父母认为孩子的办法不是最好的，只要可行，都可以让孩子尝试，这个过程中，孩子不仅感到父母的关爱（对于青春期的孩子，良好的亲子关系至关重要）和尊重，而且学习到问题解决的策略。最重要的是，孩子自己的承诺对他的行动更有制约性，对孩子的行为改善帮助更大。并且，不会产生逆反心理。岂不是一举多得！

另外，凡凡爱讲话不是缺点，他需要学习和改善的是在不同的场合按照一定的规矩讲话。孩子已经上六年级了，不分场合讲话已经形成习惯，要改掉这个积习，需要时间和耐心，惩罚并不能解决问题，惩罚只是告诉孩子这样做不对，我们要做的是引导孩子了解什么是对的，并且引导孩子自己去行动，当孩子有一点进步，父母的及时肯定十分重要，就好像汽车需要加油一样，在孩子的成长过程中，父母需要不断给孩子加油，他才能跑到终点，鼓励正是孩子需要的能量。成长中的小挫折，正如汽车行进中的小石子，让孩子有机会去体验，他会成长得更顽强和茁壮！

🌿9　"愤怒"的墨水瓶

姓名：明明

性别：男

年龄：8岁

学龄：二年级

简介：明明上二年级，在学校特别淘气，老犯错误，不爱学习，考试经常不及格。在家里，也是特别不听话，你说什么，他顶什么，你说一句，他说十句，可能我的性子比较急，有的时候会损他几句，气急了也会打他几下，事后也挺后悔的，可真是控制不了啊。天天这样打打闹闹的，什么时候是个头啊！

妈妈的叙述与疑问

我儿子8岁了，上二年级，在学校特别淘气，老犯错误，不爱学习，考试经常不及格。在家里，也是特别不听话，你说什么，他顶什么，你说一句，他说十句，可能我的性子比较急，有的时候会损他几句，气急了也会打他几下，事后也挺后悔的，可真是控制不了啊。

昨天，老师给我打电话，说明明把卷子扔到马桶里了，因为考试不及格，不敢拿回家给我看，担心我发现了打他，所以回家说老师没发卷子。老师很生气，因为老师是让家长签字后交回去的，学校还要存档呢，明明不仅不认错，还理直气壮地和老师顶嘴。

我一听，气就不打一处来，这孩子，胆子越来越大了，刚刚二年级，竟敢不告诉我考试成

豆豆妈妈印象及评价

妈妈风风火火的，是个急性子，也是个完美型的妈妈，而且对儿子的控制欲很强。

儿子因为害怕严厉惩罚而不敢告诉妈妈自己的考试成绩。

妈妈只看到明明的表面行为，忽视了行为

绩，还敢销赃灭迹，以后还不知道会干出什么事呢！回家后，我狠狠地教训了明明，他哭着说再也不敢这样做了。每次他都这样，说得好好的，到时候就不是他了，怎么就记吃不记打呢。

在家中也是我们说什么他总是犟嘴，什么都拧着说，真的是挺烦人的。我和儿子经常是剑拔弩张，看到他写作业时磨磨蹭蹭的样子，我就催他，好好地和他说，他根本不理你，等你火上来了，骂他一顿，或者打他一顿，他就哭哭啼啼，好像受了多大的委屈似的。

有一次，看到他写字歪歪扭扭的，一边用钢笔蘸墨水，一边写字，我就说你把钢笔吸满墨水再写，免得墨水弄脏了本子，而且写得慢，他不听，继续蘸一下，写一下，我又催了他几声，他还是不理。我急了，就去抢他的笔，想帮他吸满墨，不料"啪"地一声墨水瓶掉到地上，碎了，弄得到处是玻璃碎片和墨水。我气急了，打了儿子一巴掌，儿子哭了好半天才去写作业，一直写到10点。他本来要看一个9点的节目，因为作业没写完，就没看成，堵了一肚子的气，我让他去睡觉，他洗漱也特别磨蹭，我一直催他快点，好不容易上床了，他却脱光了衣服冻着自己，我的脾气终于又爆发了。唉！差不多每天都这样，不是这样的事情，就是那样的事情，几乎没有一天消停过，我都快疯了。

这孩子还有一个毛病，就是爱拿别人的东西，比如一年级时，老师给表现好的同学小贴画，他觉得自己的比较少，就拿了同桌的，我知道后特别生气，狠狠打了他，没想到他不仅没有知错，反而拿得更多了，经常拿同学的笔、本子

目的，所用的教育方法过于简单粗暴。

妈妈和儿子没有建立良好的、彼此信任的亲子关系，更像猫和老鼠的关系——你追我逃。

儿子想要脱离妈妈的控制，想要证明我的行为我做主，这是典型的"争取权利"的行为目的。

冻着自己，让妈妈伤心难过，这是"报复"的行为目的。

等，还拿同学的钱和班级象棋等。其实我们家什么都不缺，我都不知道他为什么这样做。他从来没有自己花过钱，他甚至都不知道如何花钱，他拿钱干什么啊。

您说，天天这样打打闹闹的，什么时候是个头啊！

明明总是用不当的行为满足归属感，获得关注。

豆豆妈妈诊断

从妈妈的描述看出，明明成长中一直被告知不要这样，不要那样，而且，当他犯错时，总是被严厉地批评、责罚；明明很少被告知应该怎样做，当他做对（不犯错）的时候，也很少得到鼓励和肯定。根据孩子成长的动力观点，明明希望被关注而满足归属感，首选鼓励和肯定，批评和责罚次之，最不能容忍的是忽视和冷漠。

父母对于孩子的行为通常实行双重标准，对不当的行为实行严格的标准，有错必纠；而对于好的行为实行宽松标准，即好行为必须达到突出的程度才能获得肯定（还要和他人的表现相比较），大多数不突出的好行为是不被注意的。另外，父母对不当行为的批评非常的具体，所用的语言极其丰富，批评孩子的时间比较长；而对好行为的肯定非常的抽象，语言也很贫乏，比如"挺好的"、"不错"、"很棒"等，鼓励肯定孩子的时间很短。

父母的双重标准导致明明的好行为（不犯错的行为）总是被忽视，不好的行为总是被批评责罚，他就会误认为只有通过不当的行为（拿别人东西、顶嘴、冻着自己等）才能获得关注，这些行为因为满足孩子的归属感而保留。

妈妈不了解孩子的行为目的，采用简单粗暴的教育方法，导致亲子关系紧张。妈妈要控制明明，想让明明听话，按照妈妈的意愿做事，明明却要证明"我的行为我做主"，一心想着如何逃避妈妈的控制和惩罚，比如考试不及格，他首先想的是如何逃避妈妈的惩罚，而不是如何学得更好，这种控制与反控制的关系延续下来，必然导致明明越来越逆反、不合作，母子俩的精力都耗费在权利的斗争中，好像猫抓老鼠一样，没有力量再去建设性地解决问题。

父母的双重标准导致孩子情绪化

建议妈妈首先要了解孩子成长的动力是归属感，孩子的行为都是有目的的，凡是满足孩子行为目的的行为，就会保留下来。妈妈一定要打破行为的双重标准，即降低孩子好行为的标准，即孩子那些没有犯错的行为都是好的行为，妈妈一定要肯定、鼓励，不要认为是应该的而忽视孩子。这些行为因为满足孩子的行为目的而保留巩固，逐渐成为好的行为习惯。对于不当的行为，要用宽容的心态和高标准，一般性的错误，比如对孩子和他人没有危险的行为，暂时忽视，不要有错必纠，这些行为因为被忽视而没有满足孩子的行为目的，逐渐消退。

其次，妈妈每天对明明的鼓励肯定应该多于批评责罚，这样能够有效改善亲子关系，彼此不再为了争取权利而精疲力竭，母子间更多的合作必然减少逆反、抵触，把精力更多地用于建设性地解决孩子遇到的问题，比如提高学习兴趣，改善学习习惯，提高学习成绩等。

具体来说就是，妈妈要停止对明明的批评、发脾气，更不能打骂，先写下明明的3~5个优点，并明确地告诉明明，最好用具体的例子加以说明。然后，妈妈问明明："你是怎么做到的？"鼓励明明说出具体的细节，帮助明明看到自己身上的闪光点，重新给自己定位，引导明明发现好的行为也可以得到妈妈的关注，他会慢慢放弃权利的争夺，转而与妈妈合作。

注意：妈妈不要停留在说教层面，一定用自己的实际行动向孩子证明自己的改变，并要持之以恒。因为明明习惯了用不当的行为获得关注，现在要转180°，需要时间和耐心。

🌿**10** 我控制不了自己

姓名：贝贝

性别：女

年龄：11岁

学龄：五年级

简介：贝贝见到我就害怕、紧张，对于其他人的管教强烈反抗。她平时做作业、做事比较磨蹭，只要我在家督促她，她便会很快地写完作业。我问她："为什么我在家时，你就能够做得很快很好，我走的时候你不是答应我了吗？"她打自己脸一巴掌，说："对，我就是做不到。"看着号啕大哭的贝贝，我是一筹莫展，身心疲惫。

妈妈的叙述与疑问

贝贝现在的状况是见我就害怕、紧张，对于其他人的管教强烈反抗。她平时做作业、做事比较磨蹭，只要我在家督促她，她便会很快地写完作业（从小学习习惯没有培养好）。

自上学期开始，我与公司领导谈妥，只要不开会、不出差，我都每天下午3点半接她，陪她做完作业，安顿她吃完饭，我再回到公司。晚饭后练琴、洗澡、看课外书等，这些事情让保姆督促她做。我跟她商量好做每件事情需要的时间，并要求她按规定时间完成，她都一一答应，按时完成这些事情对于她来讲并非难事，并且经过几次谈心，反复跟她强调"做人要讲信用（说到做到），做事要严谨认真、专心致志"，她都明白，也明确表示可以做到，但我一离开，她便不

豆豆妈妈印象及评价

妈妈管教严格，贝贝迫于妈妈的压力而写作业，有很强烈的抵触和逆反情绪。在妈妈面前极力压抑自己，不敢反抗，但是，总要发泄情绪，所以面对他人管教的时候猛烈爆发。

妈妈总是在理智的层面和贝贝讨论事

遵守约定。

最近连续几个晚上，在我离开家以后，她便将事先约定的事情抛开，不练琴、不洗澡，磨蹭到很晚才睡下。保姆催她，她便跟保姆嚷嚷："你别待在我这里。"她阿姨来电话督促，她要么不接电话，要么冲话筒嚷嚷："你别再给我们家打电话了！"还把自己反锁在房间，不让保姆进来。保姆没办法只好给我打电话，我一给她打电话，她便说："行，行，我洗澡，我睡觉！"摔了电话又大哭。

今晚我刚在家给她安顿好，回到公司打电话询问情况，一听便知以上情况又要发生，又赶快折返回家，一进门语气很无奈地说："我真不该走。"她见我回来先是一愣，听我说完，立刻号啕大哭，我无助地坐在她对面，默默地看着她，没有说话，也没有劝，她趴在床上哭的声音很大，进而又哭着对我说："你怎么不说话呀？你说我吧，你骂我吧，你打我吧，我什么事情都做不好，我笨，我懒，我控制不了自己，我就是做不到。"

我问她："为什么我在家时，你就能够做得很快很好，我走的时候你不是答应我了吗？"她打自己脸一巴掌，说："对，我就是做不到。"我于是问她："如果只有我在家，你才能做到，唯一的解决办法就是我辞职回家。"她大声反对道："不要，不要，晚上你走，让爸爸看着我。"我回答说："可是爸爸晚上应酬多，不能保证每天在家，我若辞职在家，我能保证。"她继续大哭道："我不想让你辞职！"我说："这样吧，今天已经很晚了，你先睡觉，好好想想，

情，忽视了贝贝的情绪情感需求，也忽视了"知行合一"需要时间的道理。

妈妈在家时，贝贝压抑自己的情绪，按照妈妈的要求做事。等到妈妈离开时，她的情绪压抑已经快到极限了，保姆再催她，就会爆发了。

贝贝情绪压抑到极限，还没来得及喘息，妈妈又回来了。贝贝感到无助、无奈、自责、内疚、挫败……

妈妈关注的还是贝贝的行为，忽视贝贝的情绪需求。

明天放学我接你的时候，告诉我该怎么办。"她抽泣着睡下了。

我自认为在教育贝贝方面有很多问题，缺乏耐心，总是挑战她，批评得多，表扬得少。可是当我表扬她时，她总是不以为然，还经常说："我觉得不怎么样，我觉得写得不好。"

对于贝贝的诸多问题，我是一筹莫展，身心疲惫，只能感叹一句："对于女人来说，想兼顾事业和家庭，几乎是不可能的！"

无论是批评，还是表扬，如果没有良好的亲子关系作为基础，都不会有好效果。看得出来，贝贝和妈妈一样习惯于批评和挑剔，不会欣赏自己，也不会欣赏别人。

豆豆妈妈诊断

任何孩子都有两面性：天使与魔鬼，贝贝也不例外，在妈妈面前压抑情绪，表现天使的一面；在其他人面前放纵情绪，展现出魔鬼的一面，这正应验了那句话"情绪是魔鬼"（这里的情绪指负面的情绪）。原因在于妈妈是理智型的父母，通常也是控制型的。由于妈妈追求完美，标准过高，对孩子管教严厉，经常批评和挑战孩子，导致贝贝见到妈妈就害怕、紧张，却又不能表现出来，被迫写作业来讨好妈妈，生怕自己做不好而引起妈妈的严厉批评，所以她就隐藏自己的真实情感，戴上天使的面具。

但是这种不情愿做事必然引起情绪的极度压抑，所以当妈妈离开时，贝贝变得懒散和漫无目的，因为贝贝的情绪已经压抑到极限，急需喘息和自由，不愿意被继续约束。如果这时候保姆或者阿姨继续催她干这干那，贝贝就会忍无可忍地爆发，魔鬼的一面出现。每天都重复这种压抑→爆发→天使→魔鬼的过程，贝贝的情绪基本维持平衡，没有出现大的问题。可是妈妈的突然返回，搞得贝贝措手不及，原以为可以喘息一下，却受到极度的重创，贝贝的情绪不可遏制地全面崩溃了。

面对贝贝的情绪（哭闹），妈妈措手不及。因为妈妈习惯于在行为（作业、练琴、洗澡、睡觉等）层面和贝贝讨论问题，比如提前下班、监督贝贝写作业、安排贝贝的时间、辞职回家等，根本忽视了贝贝的情绪和情感需求（紧张、害怕妈妈），完全不能从贝贝的角度看问题。情绪和行为本就是两个不同的层面，妈妈在行为层面，贝贝在情绪层面，母女不同步，各说各话，根本无法沟通，也就无从解决问题，只会更深地伤害彼此的亲子关系。

妈妈偶尔也试图改变自己对贝贝的挑剔和批评态度，表扬贝贝，却没有得到贝贝的认可。一方面，因为母女关系紧张，贝贝对妈妈没有基本的信任，她不相信妈妈对自己的表扬；另一方面，贝贝在妈妈长期挑战和批评下，慢慢将妈妈的严格标准和对自己的评价内化为自己的标准和价值，对自己的行为不满意。长此以往，贝贝就会像妈妈一样习惯于挑剔和批评，不会欣赏自己，也不会欣赏他人。

父母过度挑剔导致孩子情绪极度压抑和无度爆发

这里涉及两个方面：情绪和行为，家长要培养孩子的情绪管理能力和良好的行为习惯，就要真正做到"尊重情绪，引导行为"。当孩子见到妈妈害怕、紧张的时候，这是情绪层面；而写作业、练琴等是行为层面。只有控制好"情绪"，才能做好"行为"。否则，就像高楼大厦的地基不稳一样，这时候再去建楼（督促写作业、练琴等）就会事倍功半，投入越多，损失越大。

建议妈妈放慢脚步，调整自己的沟通层面，从接纳贝贝的情绪开始，按照接纳—反映—讨论的步骤，帮助贝贝建立良好的行为习惯，而不是让贝贝带着害怕、紧张的情绪做事。

首先是接纳、反映贝贝的情绪。

当贝贝感到害怕、紧张、伤心、难过时，妈妈直接告诉孩子该做什么、如何做等，这是行为层面的讨论，母女沟通会无效。这时候，妈妈要放慢脚步，停下来，用积极倾听（积极倾听是一种不带有任何价值判断的"听"，完全从孩子的角度看问题。如果把孩子的负性情绪比喻为垃圾，妈妈就要当垃圾桶，对于任何的垃圾要全盘接受，不可以挑三拣四。妈妈的接纳态度，会让孩子感到安全，不会担心说错话而被妈妈批评、指责。当孩子把自己的负性情绪都说出来时，就好像把垃圾倒空一样，自己的心灵得到净化，有巨大的空间可以接受妈妈的建议）的方法接纳、反映孩子的情绪，净化孩子的心灵。比如看到孩子心情烦躁、磨蹭着不想写作业，不要直接说"赶紧写作业去"。而要从关注情绪开始，关切地说："看起来你有点累了，妈妈能帮你做点什么呢？"或者"你上学累了一天，晚上还要写作业、练琴，想起来就挺烦的，怎么办呢？"

妈妈站在贝贝的角度体察孩子的感觉，接纳（接纳不等于赞同）她的情绪，这会让孩子感到被人理解；妈妈再用自己理解的语言把贝贝此时此刻的心情反映出来（像照镜子一样），引导贝贝说出自己的真实感觉。

心理学研究表明，如果一个人能用恰当的语言描述自己的感觉，比如"我觉得有点烦，因为作业太多了"，他的神经就会得到镇静。妈妈和贝贝这种接纳、反映的沟通方式，不仅让贝贝学会表达自己的情绪、净化心灵，而且增强了母女信任、尊重的关系，为下一步的问题解决奠定了良好基础。

其次是讨论如何解决问题。

当孩子的情绪平稳后，妈妈再和孩子讨论行为的问题，讨论如何有效完成作业和合理安排时间。

1. 了解和澄清问题：妈妈用积极倾听的方法引导贝贝用语言表达情绪，说明事情的来龙去脉，并分清情绪和行为，孩子感到被接纳和被尊重，愿意合作。

2. 运用脑力激荡法（脑力激荡法：一种不加评价、自由、创造性的思考方式。其方法是尽可能提出各种构想，而必须注意除非确定所有的构想都提出了，否则不可以批评任何人提出的意见。此种创造构想的历程将会孕育出有效的问题解决技巧。）让贝贝尽可能提出各种构想，妈妈不要评价和批评。

3. 评估所提出的方法：评估时只能一次一个方案，并总结每一个方案，且询问贝贝对每个方案的意见。

4. 选择一个解决办法：问贝贝"你认为哪一个方法对你最有用"，让她自己来决定。

5. 承诺行动：妈妈和贝贝约定何时开始行动，通常3~5天开始都可以接受。

6. 评估机制：设定评估的时间（比如每天或每周）和相应的奖惩措施，即事前约定贝贝做到了如何奖励，没有做到如何惩罚等。

Chapter2 习惯篇

1 早晨磨蹭一声吼

> 姓名：皓皓
>
> 性别：女
>
> 年龄：6岁
>
> 学龄：一年级，刚刚上学一个月
>
> 简介：自从上学一个月来，皓皓每天早晨都磨磨蹭蹭，总有这样那样的事情，没事找碴，直到妈妈发火了，大吼一声，她才哭哭啼啼去上学。妈妈很疑惑：难道她喜欢被骂吗？妈妈该怎么做才能让她顺利上学？

妈妈的叙述与疑问

您看，我早早起床，本来想得挺好的，送皓皓的妹妹上幼儿园后就来找您，却还是晚了，起个大早赶个晚集。唉！

一大早，我正在楼上忙着帮皓皓的妹妹穿衣服，就听到皓皓声嘶力竭地嚷嚷："我不穿这件衣服，就不穿！我要穿校服！"一边说，一边冲进屋子里。紧接着就听到皓皓上楼的声音，重重的，每一下都踏在我的心上。

"不是这件，我要穿裙子，快点！都怪你，都怪你，我昨天都跟你说了，今天还给我穿错了，赶不上班车都怨你……"皓皓冲着阿姨大发脾气。

"你没有告诉我要穿校服啊，你不是说要穿……"阿姨无可奈何地小声嘀咕着。

豆豆妈妈印象及评价

皓皓妈妈风风火火闯进来，还没有完全坐定，就迫不及待地说起来。只见她眉头紧锁，说起话来像机关枪一样，带着浓厚的火药味。

皓皓的连续挑衅行为只有一个目的，那就是向妈妈示威，引起妈妈的注意，即使是生气、发脾气也可以。

"我告诉你了,就告诉你了!"皓皓的高八度一声高过一声,阿姨的话听不清了。

我的火腾一下直冲脑门,实在是忍不住了,"嗵嗵嗵"我以迅雷不及掩耳之势冲过去,发了疯似的大吼一声:"你还有完没完?!你到底要闹到什么时候!爸爸出差刚回来,就不能让人多睡会儿!"我的怒吼声大得都有回音了,妹妹吓得哭起来,老公也被吵醒了,哄着妹妹。

妈妈终于出面了,皓皓的行为目的达到了,连爸爸都不能幸免。

但是皓皓看到我并不惊讶,仿佛预料之中:"老师说今天有客人来,要穿校服。"皓皓挑衅地扬头看着我,嘴角似乎有一丝微笑,好像在说:"怎么着吧?"

皓皓当然不惊讶,因为这是她预料之中的事情。

"赶紧换!又赶不上班车了。"我顺手推了她一把,也许在气头上,我力气大了一点,皓皓趔趄了一下,"噔、噔、噔"向前冲了几步,嘴角咧了一下,看看我,没敢哭。

"闹!闹!没事找碴吧,看!赶不上班车了,你坐公共汽车去上学吧!迟到了,看老师怎么批评你!"我余怒未消,恨恨地说。

"呜呜呜",皓皓哭起来:"迟到了,老师要批评我了,怎么办呀。"

妈妈余怒未消,开始动手了!皓皓因此变成了受害者,可以在妈妈面前上演一出好戏,何乐而不为呢!哭!

"哭!哭!就知道哭!早干吗去了,每天都闹点事,你烦不烦啊!"

"大清早的,别嚷嚷了,我去送皓皓!"老公睡眼惺忪地穿衣服。

还可以争取同盟军呢,看,爸爸开始帮助皓皓了。

"都是你惯的,就知道当老好人,应该让她迟到一次,让老师批评她,看她还敢不敢胡闹。"我气哼哼地冲老公发火。

"算了,算了,我也该起床了,今天还要上班,正好送皓皓上学。孩子也挺不容易的,

今天皓皓大获全胜!通过没事找碴和挑衅,她不仅获得了妈妈

唉……"

老公头也不回地冲出屋子，皓皓也紧随其后，阿姨哄着小妹妹，家里又恢复平静。

我像泄了气的皮球瘫坐在地上，我这是招谁惹谁了！为什么要对老公发火呢？！

的关注，也获得了爸爸的同情和帮助。所以，获益的皓皓将把磨蹭的行为继续到底。

豆豆妈妈诊断

面对孩子的磨蹭行为，尤其是早晨时间紧迫的情况下，父母常常会生气、发脾气，因而与孩子的沟通更多的是"教训"，而不是"教育"。

父母更因为不了解孩子的行为目的而屡屡落入孩子的圈套，随着父母情绪的发泄和逐渐升级的挫败感，孩子不仅学会了发脾气，而且行为也不见改善。

孩子的话没有傻话，孩子的行为都是有目的的，孩子通常用好的行为博取父母的关注，如果不能得到他需要的足够注意力，就会采取破坏性的行为获得关注。

皓皓经常和妹妹争取妈妈的注意，尤其是早晨，妈妈负责照顾妹妹，阿姨负责照顾皓皓，如果皓皓表现良好，按时起床、洗漱、吃早餐，顺利上学，妈妈就不会关注到她；如果她表现不好，磨蹭、没事找碴、发脾气，妈妈会立即冲到她面前。

每天早晨，皓皓没事找碴的磨蹭行为都会引起妈妈生气、发脾气、责骂，正是由于妈妈的强烈反应让皓皓误以为只有"没事找碴"才能获得妈妈的关注。

虽然妈妈的批评和责罚不是她特别喜欢的，但总比被忽视强得多，至少在发怒、批评她的过程中，妈妈全部的注意力都在皓皓身上，皓皓的行为目的达到了（先是"吸引注意"，然后升级为"争取权利"）。凡是能够达到行为目的的行为都将保留下来，这就是为什么皓皓每次磨蹭，妈妈都会生气发脾气，甚至打骂她，但她还会重复这个行为的原因。

姐姐磨蹭有原因：要和妹妹争妈妈的爱

皓皓行为的改善要从妈妈的反应做起。首先，面对皓皓的磨蹭行为，妈妈感到生气发脾气，先向自己喊"停"，然后通过深呼吸等方法（一离二吸三凉水）保持泰然处之的心态，让自己的情绪曲线走完，才能以平和的心态理智地面对孩子的磨蹭行为。

其次，要分析孩子的行为目的。一般来说，12岁之前的孩子有四个行为目的：吸引注意、争取权利、报复、自暴自弃。皓皓大声嚷嚷，妈妈感觉不胜其烦，那么皓皓的行为目的就是引起妈妈的注意。当妈妈了解皓皓的行为目的之后，采取深呼吸的方式缓解自己紧张、焦虑的情绪，面对她的种种行为，比如磨蹭、要赖、发脾气等，采取"忽视、不理"的态度，继续待在楼上，妈妈的理智行为让皓皓明白"大声嚷嚷"并不能引起妈妈的关注，皓皓的不当行为（没事找碴）也会由于没有达到吸引妈妈注意而减少。

最后，当皓皓表现良好，比如按时起床、自己完成作业等，就要及时肯定她、鼓励她，最好用具体的言辞让皓皓感受到被接纳、被关注，并愿意重复好行为，当孩子的好行为多次重复以后，自然形成好习惯。而那些不好的行为，由于没有达到吸引注意的行为目的而会慢慢消失。

总之，如果皓皓用"磨蹭、大声嚷嚷、没事找碴"吸引妈妈的注意失败后，她会开始关注迟到的问题，因害怕迟到而伤心哭泣。这时候，妈妈可以用适当的语言接纳皓皓的情绪，然后帮助皓皓想办法，让皓皓学习恰当表达情绪的方法，并进一步学习如何利用资源解决自己的问题。

2　10岁的爱情女"专家"

> 姓名：希希
>
> 性别：女
>
> 年龄：10岁
>
> 学龄：四年级
>
> 简介：老师来电话，让我赶紧到学校去，语气十分急促。刹那间我的脑子"嗡"一下，有那么一刻失去了知觉，发生了什么事？希希出了什么问题？如果不是严重的事情，不会又被老师叫到学校。原来希希上课一直说话，还影响同学，看一些爱情书，还把书藏在同学家里，作为班长，带来了极坏的影响，老师说家长一定要好好管教。我都急死了！

妈妈的叙述与疑问

我都急死了！昨天上午老师把我叫到学校，说希希上课一直说话，还影响同学，作为班长，带来了极坏的影响，家长一定要好好管教。

回到办公室，正想着希希的问题，如何与她沟通。老师来电话，让我赶紧到学校去，语气十分急促。

刹那间我的脑子"嗡"一下，有那么一刻失去了知觉，发生了什么事？希希出了什么问题？如果不是严重的事情，不会又被老师叫到学校。

心急火燎地跑到学校，看到老师余怒未消的样子，我也失魂落魄、气喘吁吁，像个犯了错误的小学生，赔着笑脸，怯生生地站在老师面前。

原来希希有个好朋友，叫菲菲，不知道为什么两个人闹别扭，希希让菲菲闭上眼睛，张大嘴

豆豆妈妈印象及评价

奇怪，希希在学校发生状况，直接责任人是老师和希希，作为第三者的家长如何管教？

孩子犯错误，家长也要挨批。老师和家长如何能成为教育的合伙

巴，在菲菲嘴里塞进一块橡皮，菲菲特别生气，都气哭了。

菲菲中午回家和妈妈说了，一边说一边委屈地哭，妈妈也不高兴了，就找到老师理论，让老师批评希希。还把希希存放在她家的十几本书搬到老师这里，以证明希希不是好学生，应该好好批评。

"您看看吧，这些书！"说完，一指桌上的一摞书。

我拿起一本，又一本，我的心跳得越来越快了。这是希希看的书吗？都是有关爱情的书，有爱情测验的，有星座的，什么类型的女孩该如何做，什么星座的男孩怎么样，什么类型的女孩该交往什么类型的男孩，等等。

难怪女儿的外号叫"爱情专家"，以前以为是笑谈，看来是事出有因的，一定是她看了这些书，在同学面前炫耀，似懂非懂的小男生、小女生都对"爱情"非常地好奇，希希就成了"专家"，难怪上课说话，一定是在说这些了。

"我都不知道希希看这些书！她从哪里弄来的？"我无地自容，像打翻了五味瓶，酸甜苦辣咸，样样都有。作为家长，我对女儿一点都不了解，她长大了，我还当她是小孩子呢。

老师把希希叫到办公室，当着我的面狠狠批评她："希希，这些书不是你这个年龄的孩子该看的，先放老师这里。以后再看这些书，学坏了，我就撤掉你的班长职务，再把你交到校长那里，任凭学校处置。"老师的严厉批评让希希心惊胆战，我看到女儿额头的汗珠，她一定害怕了。

人，共同帮助孩子健康成长？

菲菲妈妈介入希希和菲菲的问题中，忽视了自己应该承担的责任：接纳菲菲的委屈情绪。

希希进入"预备青春期"了，她想要了解男孩和女孩的不同，父母和老师简单的批评、阻止、剥夺不是有效的方法，正确引导非常关键。

希希一定很好奇，看了这些书就会学坏，为什么书店还卖这些书呢？希希一定不理解什么是学坏，她被老师的严厉词语吓坏了。

回到家里，我不知道该如何教育女儿。批评狠了，怕她受到伤害，担心她长大后对爱情恐惧，影响以后的感情生活。不批评，担心她的早熟影响学习、成长。

是不是我的教育方法出了问题？为什么女儿把书藏在同学家里？我太严格了？应该怎么做才能帮助她健康成长？真是左右为难啊。

豆豆妈妈诊断

希希上课说话，影响同学，尤其是作为班长，这样做更不应该。老师批评她是有效的，作为不在现场的家长，很难有效管教孩子的学校行为。这涉及问题所有权，希希在课堂说话，既没有干扰父母的生活，对他人和自己也没有危险，所以是孩子和老师要负责任解决的问题。

孩子在学校犯错误，老师通常要找家长。家长被老师数落，尊严扫地。如果家长觉得自己很没有面子，下不来台，那么孩子的行为就干扰到父母的生活了，这就不仅仅是孩子的问题，而是父母的问题了，父母通常会把自己所受的窝囊气一股脑还给孩子。孩子感受不好，就会再犯错误，导致恶性循环：孩子犯错误—老师生气找家长—家长生气责罚孩子—孩子生气再犯错。孩子在学校的表现常常由于父母的不恰当介入而愈演愈烈，问题不但没有解决，反而有激化的可能。

菲菲妈妈也是不了解问题的根源，混淆了自己的角色，擅自用告状、报复的方法替孩子解决问题，实则是替菲菲出气；不仅没有解决菲菲的问题（受了委屈），而且失去了帮助菲菲提高应对情绪和人际关系的机会，也可能使得菲菲失去一个好朋友（其实，希希的做法并无恶意）。

另外，希希看这些书没有什么大不了，只是说明她长大了，开始对自己很好奇，想了解人是怎么回事，这些测验恰巧可以满足她的好奇心。妈妈和老师的反应过分激烈，简单的没收、阻止并没有解决根本问题，没有满足孩子的好奇心。孩子无法从正当途径获得信息，就会想旁门左道，反而在无引导的情况下，可能误入歧途。

老师告状怎么办

目前的书店里，类似测量人的性格的书籍不多，更多的是爱情指数的测验，写得也很吸引人，封面颜色鲜艳，孩子喜欢看，无可厚非。这些书没有过错，孩子看这些书也没有过错，如果孩子感兴趣，愿意阅读，就说明她需要相关的知识，并主动寻找信息来源。

关键是父母老师如何根据孩子的心理发展，引导孩子的阅读兴趣，引导孩子从书中吸取精华，理智地判断是非。尤其是在这个信息时代，网络、电视、报纸、杂志、书籍等，应有尽有，教育者没有办法阻止信息的轰炸，但是可以通过培养孩子的是非判断能力，帮助孩子健康成长。

建议妈妈和希希共同逛书店，帮助她挑选合适的书籍。希希对心理测验非常感兴趣，妈妈可以从测验入手，打开和希希的沟通之门，只有走进孩子的世界，才能获得她的信任，也才有机会引导她，避免误入歧途。我曾经看过一本作文书，教孩子如何写作，里面有很多趣味心理测验，相信希希一定喜欢。

妈妈可以和希希一起阅读这本书，一起做里面的心理测验，有一个测验是关于你是个浪漫的还是个现实的人，浪漫的人容易写景物，现实的人更爱写人和事。以下的对话提供妈妈参考。

妈妈："希希，你觉得这个测验准吗？"做完后，可以和希希开始讨论。

希希："不准，我就是觉得好玩。"因为希希的测验结果显示她是个浪漫的人，可是希希更愿意描写人物和事件，对人更感兴趣。妈妈和希希开心地笑，互相揶揄，欢乐的气氛荡漾（我都能看到希希开心的笑容了）。

妈妈："希希，妈妈给你讲个故事，海伦·凯勒的故事，她1岁多发烧变成了聋哑人，眼睛也看不见了，你猜她是怎么学会了水这个字的？"

希希想了各种办法，妈妈进一步启发她人有听觉、视觉、嗅觉、味觉、触觉等五觉，还可以让她闭上眼睛和嘴巴，用棉花塞上耳朵，模仿海伦的样子，把手放到水龙头下，让水慢慢滑过双手，再让她的双手触碰妈妈的嘴和脸，说出"水"。

然后妈妈还可以给她讲沙利文老师如何教海伦学习"水"的，希希一定听得有滋有味，也许她会问妈妈从哪里看到的，这时候就可以告诉她书的名字是《假如给我三天光明》。

希希："我要看，妈妈。"当希希说出了妈妈的想法时，那种欣慰无以言表。

走进孩子的内心世界，引导孩子成长，您一定能做到。当您不再为希希的十几本爱情书而烦恼，当您找到引导孩子的方法，您会发现孩子成长的路很长，那　小段没有妈妈陪伴的路程将淹没在漫漫的征途中，不会影响希希成长的脚步。

不远的将来，希希也许真的成为"爱情专家"，帮助他人排忧解难，让更多的人少走弯路，幸福生活。

🌿3 搞砸了的母子关系

> 姓名：晓光
>
> 性别：男
>
> 年龄：9岁
>
> 学龄：四年级
>
> 简介：9岁四年级男孩，一直脾气暴躁，不讲道理，不爱干净，不爱学习，丢三落四，上课注意力不集中，学习成绩差，喜欢说谎话，不合群，在人多的地方喜欢表现自己，大声叫，大笑。妈妈用了很多办法一直不能改变他的行为。有一次甚至对妈妈说："你这个坏妈妈，我讨厌你，我不要看到你！"

妈妈的叙述与疑问

这个孩子一直脾气暴躁，不讲道理，不爱干净，不爱学习，丢三落四，上课注意力不集中，学习成绩差，喜欢说谎话，不合群，一点事情他都能笑很长时间，在人多的地方喜欢表现自己，大声叫，大笑。我用了很多办法一直不能改变他的行为。我也咨询过心理专家，效果没好转，反弹得很厉害。

我们家是一个比较和睦的家庭，家里有两个男孩子，一个9岁，读小学四年级，一个2岁。爸爸每天工作比较忙，跟孩子在一起的时间比较少。放学后都是我跟他们在一起，辅导晓光做功课。

晓光小的时候奶奶带他，一直到2岁。上幼儿园又寄宿了一年半。在幼儿园的时候我就发现

豆豆妈妈印象及评价

妈妈连珠炮似的说出了晓光一大堆缺点，非常流利，看来是经常说的。

晓光从小和奶奶生活，之后寄宿，对妈妈

他的性格不好，当我去接他的时候，他明明看到我来接他了，却把脸扭过去不看我，我叫了几声宝贝，妈妈来接你了，他就跟不认识我一样。

读幼儿园时有一个比较要好的邻居的孩子跟他一个班，我们一起带他们外出玩时，他每次都要弄出不开心的事情，要么就自己走了，跟我们反方向，这个毛病到现在还是有，只要是有外人的聚会，他总是制造矛盾，比如一个小朋友说一句话就能惹怒他，钻到桌子下面不出来，说死也不出来。最后全场的人哄他。

学习方面也是非常让人头疼，作业不想做，学习用品丢三落四，作业本不带，老师批评了他，他无所谓。老师要辅导他，他跟老师捉迷藏。上课不注意听讲，不知道脑子里想什么。做题目不看标题和要求，自己乱做。

由于家里面有个小的（弟弟）会影响他学习，前几天我陪他在外面学习，他提议去KFC，我同意了，并且按照他的要求给他买了吃的，我每次都是给他钱让他自己去买，上一次是学校要交费用，给了他60元，由于已经在银行卡扣过了，老师让他带回来，他就说自己用这个钱去买，结果把所有的钱全买了，我看到他买了那么多就跟他说，这次买了这么多，那下次就不买了，可以吗？他答应了，结果第二天他就不去了。

我接他的路上碰到了他，跟他说还是去吧，不去的话弟弟影响你学习，再说我已经让阿姨安排好了，他很不愿意，就说："你这个坏妈妈！"我问他你在说什么？我可是你的亲生母亲呀！他说："你这个坏妈妈，我讨厌你，我不要

的依恋没有建立起来，他会认为妈妈不爱他。这需要妈妈更多的爱和肯定才能让孩子相信妈妈爱他。

晓光通过这种行为吸引了大家的关注。

晓光在学校也是通过这种让大家很头痛的方式，吸引老师的关注。

这是个重视诺言的孩子！

看来晓光对妈妈非常的不满，他用让妈妈伤心、难过的方式报复妈妈，难道他的行为目的已经到了"报复"的

看到你！"我听了真是很惊讶，又很伤心，我没有骂他也没有打他，也不管他是不是去学习了。结果他到了小区里面自己玩，不肯上楼，过了近2小时上楼，我没有理他，跟阿姨一起做晚饭，他一个人在自己的房间里面不知道做什么。

晚上他爸爸回来我跟他说了这件事情，第二天早上爸爸叫他起来跑步，让他吃过早饭后给我道歉，他对爸爸说我先打了他2个耳光，他才那么说的，还说他回来时我不让他进门。

我当时一句话也没讲，更没有打他，他为什么会这样说，还当着我的面说谎呢？这一个星期以来我不像以前一样管他学习了。以前学习我都是陪在旁边的，不会的辅导他，给他签字。我也不给他盛饭，可是他手很脏的时候我提醒他去洗手，他说你不是说不管我了吗？我一直很困惑，事情过去一个星期了，我一直不知道怎么去处理这件事情和接下来怎么对待这个孩子。

程度？

晓光说假话是有原因的。

妈妈真的伤心、难过，这个"症结"似乎挺大的。可以肯定晓光的行为目的是比吸引注意、争取权利更深层的报复。

豆豆妈妈诊断

一般来说，孩子从出生到一岁半是和母亲建议依恋关系的关键期，也是孩子形成安全感、信任感、满足感的关键期。母亲通过有规律的喂养、舒适的拥抱抚摸、稳定的生活环境等帮助宝宝信任这个世界，他也会用爱回报这个世界。晓光生命的前两年是和奶奶在一起，错过了和妈妈建立依恋关系的关键期。生活环境的变化、抚养人的变更等，对于小小的晓光来说都是不安全的因素。而且，晓光回到妈妈身边的一年半又是上的寄宿幼儿园，更加深了晓光对妈妈的不信任感。这些因素使得他特别需要他人的关注，尤其是妈妈的爱。

孩子的行为都是有目的的，凡是达到行为目的的行为就会保留下来。12岁之前的孩子行为目的分为四级，从初级的吸引注意、争取权利，到中级的报复、自暴自弃。孩子的行为目的都是不自觉的，他并不知道自己的行为目的是什么，这些都是心理学家研究的结果。

孩子有好的行为，也会有不当的行为，哪些行为能保留下来，取决于父母的反应。父母对于孩子行为夸奖和批评的标准从程度上看是双重的，好的行为必须达到一定的程度才能得到夸奖，而不好的行为一出现就会得到批评。通常孩子会用好的行为获得关注，如果好的行为得不到关注，就会采取不当的行为。双重标准导致孩子更多的不当行为发生。

由于晓光从小在奶奶家长大，很多行为习惯和妈妈的要求不一致，必定会招来妈妈的提醒、批评、指责等，很少得到妈妈的肯定和夸奖。不当行为（扭脸、制造矛盾、钻桌子等）让晓光得到更多的关注，吸引注意的行为目的达到，久而久之，他会误认为只能用不当的行为才能被别人注意到，即使批评也比被忽视好。当妈妈不理解晓光的行为目的，更加多地批评他，晓光的行为目的升级到"报复"，即让妈妈伤心、难过（说狠话）。这类孩子通常感到受到深深的伤害，认为自己是不被爱的，是没有价值的，也就没有进取心，对自己的学习和生活都没有信心和目标。

培养孩子好习惯要从良好的亲子关系开始

首先，晓光妈妈要了解孩子的心理和行为目的，不要被孩子的话伤害到情绪，母爱的宽容和伟大就在于此。一定要避免处罚晓光和以其人之道还治其人之身，否则，母子的脆弱关系受到威胁，晓光的行为目的会升级为自暴自弃，必须接受心理咨询了。

其次，妈妈要和晓光建立彼此信任的关系，让孩子感到自己是被爱的。这需要妈妈停止批评指责，用侦探的眼睛发现晓光的闪光点，并发自内心地大声说出来。双重标准要颠倒一下，好的行为一出现就要鼓励肯定，不好的行为没有达到一定的程度（没有危险），先忽视它。在信任关系建立之前，妈妈对晓光的种种不当行为，包括狠话、假话、学习不好等，要先放一放。看到晓光的缺点时，先闭住嘴巴，对自己喊"停"！找到晓光做得还可以的事情，以肯定的态度告诉晓光，尤其要说出细节。这种方式能让晓光感到妈妈的爱，感到自己的价值，重新找到自己的一席之地。刚开始，晓光和妈妈都会不习惯这种沟通方式（已经习惯了提醒、批评的方式），但是一定要坚持。孩子冰冻已久的心需要长时间的温暖，母子的信任关系需要彼此的努力，这对妈妈是一个很大的挑战。

当晓光和妈妈的信任关系建立起来以后，即晓光发自肺腑地感到妈妈的爱和关心，再去规范晓光的行为才有效，包括学习和生活的好习惯。

4 好习惯是打出来的吗

姓名：平平

性别：男

年龄：4岁

学龄：幼儿园中班

简介：平平练习系鞋带，两次不成功就不练了，甚至两手一抄，嘴里一"哼"，我看他既不专心又不坚持下去，对家长还这么无理，就狠狠打了他的小屁股。他反而更僵了，当我再要求他继续练习时，小家伙嘴里呼呼直喘气，身子不停地动来动去，表示抗议。好习惯是打出来的吗？

妈妈的叙述与疑问

我儿子四周岁，老师总反映他比较好动，还总要把脚放到椅子上，老师要经常提醒，可是才一会儿工夫就又放上去了。我们注意到他在家吃饭时也是爱把脚放到椅子上，我们对此也只是采取提醒的方式，不过效果不佳。

老师说他上课时老是要插嘴，有一次我到幼儿园接他，就有小朋友告诉我："平平和其他几个小朋友经常被老师批评。"虽然老师都说他很聪明，思维也很独特，似乎都挺喜欢他。可他好动、顽皮的性格也招来老师不少的批评，在小朋友们的眼中平平会不会被认为是个"坏孩子"呢，会不会对他的心理发展有什么不好的影响呢？可是又不知道该如何帮助他。

他们班里有一张光荣榜，上面有代表每个孩子的不同图形，谁表现好老师就会在他的名字下

豆豆妈妈印象及评价

看来，平平的行为让妈妈苦恼不已啊。

妈妈担心老师的批评会对平平产生不利的影响。那妈妈自己呢？是鼓励多还是批评多呢？

妈妈是否关注到平平的六个红点如何得到

面贴红点，多的小朋友快得到二十个了，而我儿子平平才得了六个，后来还因为表现不好被扣了一个。我心里也挺着急，但我不知道是否应该太在意这个问题，挺困惑的。

我发现平平对自己感兴趣的东西、好玩的东西他会很投入，像搭积木，即使一两次不会他也会很急躁，大声喊："我不行、我不会。"不过他仍会继续下去，直到完成为止，否则就不愿睡觉。但是老师或我布置给他的任务如果一次、两次还不会，他就会放弃。

这个星期幼儿园要举行系鞋带比赛，可是平平从来都没尝试过呢，我很着急，星期天就在家里让他练习。可是他两次不成功就不愿再来，也不愿仔细看我们示范，最后干脆扭过头去，两手一抄，嘴里一"哼"，我看他既不专心又不坚持下去，对家长还这么无理，就狠狠打了他的小屁股。

其实我也不愿打他，因为几次下来我发现"打"只有使他的脾气更倔。果然，当我再要求他继续练习时，小家伙嘴里呼呼直喘气，身子不停地动来动去，表示抗议。可我也铁了心，"不会没关系，但首先你要认真看，耐心地练习，今天不练得差不多，我们都不要吃晚饭，妈妈陪你。"平平见倔不过，只能不情不愿地继续练习。

老师，您说打孩子行吗？打过后我自己也心疼，小家伙有时候还要还手、吐口水呢；有时候他发脾气，我不打他，但会走开或不理他，他会说："我知道你讨厌我。"其实我只是让他冷静下来再跟他讲。

的？是否对于平平的成绩给予大力的肯定呢？

对于4岁的平平，兴趣是最好的老师。

小家伙在和妈妈争取权利呢，妈妈也不示弱，还以"打"击。

实践出真知，妈妈发现"打"击只有反效果，孩子更倔了。

其实，妈妈已经找到了部分答案：打解决不了问题。那么如何解决问题呢？

豆豆妈妈诊断

　　孩子的话没有傻话，孩子的行为都是有目的的，关键在于家长是否了解孩子行为和说话的真实动机，有的放矢地回应孩子，从而有效帮助他们。

　　12岁之前的孩子有四种行为目的，吸引注意、争取权利、报复、自暴自弃。当孩子的行为让你感到心烦，提醒后改善，稍后重复出现，这是典型的"吸引注意"的行为，对于这样的行为，提醒、惩罚、奖励等都恰恰强化了孩子的不当行为（比如把脚放到椅子上、经常插嘴等），因而不会彻底改善。

　　当你发现孩子"扭过头去，两手一抄，嘴里一'哼'"，一副挑衅的样子，好像等着你的反应，看你生不生气！当你生气了，这种行为的目的是"争取权利"，孩子的话外音是"我不听你的，就不系鞋带，看你能把我怎么样！"当家长被这种挑战权威的行为激怒，并发泄、责罚孩子（打屁股），孩子因为害怕更多的责罚而暂时停止挑衅，但是他的行为目的达到了，他之后还会用更猛烈的类似方式挑战权威（父母、老师），这种以暴制暴的方式不仅不会改善孩子的行为，反而给孩子树立了榜样，他以后也会用暴力的方式欺负比他弱小的人。

　　其实，每个人都有自己教育孩子的理念，有的父母气急了打孩子也无可厚非，关键在于教育的目标是否达到？教育的标准是什么？是培养孩子为自己负责任、乐观、独立、积极等良好的性格，还是在强迫孩子达到父母的目标时忽视了孩子的个性？

　　当孩子没有按照父母的要求做，父母生气了，同时向孩子发脾气，无形中孩子也学会了如果别人没有按照他的要求做，他生气了，也可以向那个惹他的人发脾气，"小家伙有时候还要还手、吐口水呢"，看，他也从父母那里学会了"情绪表达"。

孩子越打越逆反

　　纠正孩子的不当行为，通常的做法是指出孩子的不当行为，并严厉批评，其前提是"知错就改",对于4岁的平平,这个方法效果不佳。我们要从另一个角度帮助平平,就是肯定好的行为,希望好的行为越来越多,不好的行为因为没有发展的空间而减弱。

首先要分析孩子的行为目的。当孩子的行为是吸引注意时,有效的解决办法是忽视这种行为,同时肯定孩子的良好行为,比如没有把脚放到椅子上的时候、没有插嘴认真听讲的时候(父母、老师认真观察,一定能找到这样的时候)。当孩子的行为是争取权利时,注意:不要落入孩子的陷阱!忽视他此时的行为,转移孩子的注意力,引起孩子的兴趣。4岁的孩子很容易转移注意力,而且当他发现这个行为没有引起你的关注,也就是没有达到他的行为目的,渐渐地这种行为会越来越少,并最终消失。

另外,一定要提前告诉孩子规矩,教会孩子倾听,不要想当然认为孩子就应该如何做。比如先告诉平平如果要发言,先举手,老师同意了再说话。当平平做到的时候(哪怕是偶尔做到),及时肯定和鼓励,忽视他插嘴的行为。当孩子好的行为被肯定,他就有了成功的体验,感受到成就感,这对孩子改正行为是最大的动力,他会越来越多地表现这个行为,自然成为好的习惯。

被老师批评的孩子一定很难过,也请您"倾听"孩子,给孩子机会说说被批评的感受,接纳他的沮丧情绪(接纳不等于赞同),和孩子一起讨论解决的办法,请您以"提问题"的方式与孩子沟通,例如:

妈妈:"平平,你看起来有点难过,幼儿园发生了什么事情,跟妈妈说说好吗?"

平平:……

妈妈:"被老师批评一定不好受,如果是我,也会难过的。有什么办法不被老师批评?"

平平:……

妈妈:"如果说话之前先举手,老师同意了,再说话,能做到吗?"

平平:"嗯。"

妈妈:"那咱们练习一下,好吗?"

和孩子以游戏的方式练习,并约好明天行动。第二天,问平平有没有说话之前先举手。(不要问平平是否有插话的行为),如果有,在家里给孩子奖励一个红点,持续一两周,相信孩子会越来越多举手发言,越来越少"插话"。

孩子的小红点自然越来越多了。

最后，也是所有方法的前提：父母要控制好自己的情绪，平静地和孩子沟通，解决问题。如果父母生气发脾气，所有的方法都无效。

孩子出现任何的行为（好的、不好的）都是成长的必然，都是正常的，哪些行为保留下来，哪些行为消失，关键在于父母、老师的关注和反应，即在鼓励好行为和批评不当行为之间，父母、老师的选择决定了孩子的行为表现。比如，平平学习系鞋带，刚开始学习时做得不够好，父母只是不断地告诉他这里要改进，那里要多练习，就会发生如上的故事；如果父母先降低目标，更多地鼓励平平做得好的地方，而不是告诉他哪里做得不够好，就能引起孩子的兴趣，他才能看到自己的努力和希望，他才会愿意更多练习，直至练好，这种由内而外的动力是无穷的。

🌿5 做不完的作业，玩不够的花样

姓名：辰辰

性别：男

年龄：8岁

学龄：二年级

简介：8岁二年级男孩辰辰，写作业特别磨蹭，每天都要在爸爸的一再催促下才能写完，通常要写到10点多（其实一小时就应该写完了）；如果爸爸不说，他根本就不完成作业，好像脑子里根本就没有写作业这根弦。在学校的表现更是出格，调皮捣蛋，不能约束自己，甚至站在二楼撒尿，老师也拿他没办法。

爸爸的叙述与疑问

王老师，我们听过您在小学的讲座，也看了您写的书，我觉得很受启发。

我儿子辰辰上学快两年了，还是不会学习。在家里磨蹭，写不完作业，每天都要写到10点多（其实一小时就应该写完了），还是在我的一再催促下才能写完；如果我不说，他根本就不完成作业，好像脑子里根本就没有写作业这根弦。

以前我工作很忙，都是妈妈管理孩子的学习和生活，每天妈妈都要提醒几次，辰辰才去写，写的时候也磨磨蹭蹭，一会儿要喝水，一会儿要上厕所，一会儿又说饿了……玩笔、玩橡皮等，花样百出，妈妈也常常忍无可忍而非常生气。讲道理、批评都不见效，有时候气急了，也打过他。他每次都说下次改，可是一直不见改善，反

豆豆妈妈印象及评价

"可是都10点了，还让孩子玩，几点才能睡觉啊。你就会充当老好人，恶人都让我做了。"（妈妈气哼哼地抱怨着）

"那你不也没管好吗，才让我来管的！"（爸爸也很不服气）

周四一大早，辰辰父母如约而至，夫妻二人落座后，妈妈说"你说吧"，然后闭口不言，好像刚刚生过气的

而愈演愈烈，作业写得更慢，质量也更差。现在妈妈几乎不能管他的学习了，只要一管，准生气。没办法，现在都是由我来管辰辰的学习。

我听过您的讲座，觉得非常有道理，也试着采用了一些方法，比如告诉辰辰完成作业就可以玩了，但他还是要常常写到10点，而且是在我的再提醒下才能完成。

昨天晚上，他写着写着就玩起笔来，我提醒了几次，他还是磨蹭，妈妈看不过去了，训斥了几句，说再这样就不能玩了。但是我觉得孩子可怜，写完作业，虽然已经10点多了，就想让他玩会儿，可是妈妈不同意，非让辰辰立即睡觉。孩子哭，大人闹，折腾了半个多小时，既没玩，也没早睡，还都不高兴。我也很担心，孩子天天睡得这么晚，肯定对身体没好处，我也想他能快点写完啊。

其实，孩子有时候写得挺快的，但是错了不少，让他改错，他很不乐意，觉得占用了自己玩的时间，逆反心理极强。

另外，辰辰在学校更是调皮捣蛋，不能约束自己。上课从来不举手发言，注意力不集中，不遵守纪律，想离开座位就离开座位，想说话就说话，没有上课的概念，老师批评了，能好点，一会儿，又犯了，根本就记不住，老师也很头疼。老师叫他起来回答问题，他基本上都不会，老师也没办法。他特别不自信，觉得自己不如别人，老是退缩。

我们希望辰辰在学校能很好地控制自己的行为，和同学老师融洽相处。在家里能按时完成作业，对学习有积极自主的意愿，恢复自信力。

样子。爸爸看着妈妈，犹疑不定，好像很为难，不知该说还是不该说。在我的询问下，爸爸开口先说了。

妈妈几次打断爸爸，指责爸爸溺爱孩子，而且情绪很激动。因此我先用20分钟讨论夫妻二人的沟通方法，引导妈妈表达自己的真实感觉，比如，看到孩子10点还在学习，很担心等。之后妈妈只是偶尔问到她时，才理智答话，咨询顺利进行了。

　　爸爸妈妈的教养观念不一致，两个人常常发生争执，各执一词，导致孩子行为没有参照标准而混乱，随机性行为、随意性行为明显，缺乏规矩的概念，妈妈只告诉孩子不能怎么做，很少告诉孩子要如何做，更没有监督和检查的具体方法。

　　辰辰妈妈性情急躁，对孩子的期望过高（相对于辰辰的行为表现来说）。每次辰辰的行为没有达到妈妈的标准，比如书包没有收好，作业写得比较慢等，妈妈先是提醒他，然后就会生气发脾气。辰辰一年级和二年级上学期的学习都是由妈妈管理的，基本是提醒、警告、处罚，孩子得到的负面评价过多，导致孩子对自己的定位也是负面的，从而没有积极进取的动力，对需要努力的事情都采取消极的态度和行为。在学习过程中，孩子几乎没有成功的体验，好像怎么做都是不对的。久而久之，孩子就误认为学习是妈妈的事情，自己没有学习的能力，也就没有学习的动力。像木偶一样，推一下，动一下，自己没有主动性和目标，注意力很容易分散，很随机。

　　爸爸听过讲座，并学习了我的论著，非常认同这种教育理念，近两三个月来采取了一些建设性的方法，试图理解孩子，和孩子沟通，但是缺少具体的方法，比如沟通的技巧和鼓励的技术等。

父母教育冲突导致孩子缺乏规则意识

　　首先，爸爸妈妈要针对孩子的教育进行有效沟通，达成共识。比如妈妈希望辰辰9点30分之前睡觉，爸爸对辰辰的学习计划应该按照这个目标制定，保障孩子充足睡眠是必要的。

　　其次，要帮助辰辰重新调整对自己的定位，多多肯定辰辰，通过鼓励让孩子慢慢认识到：我是积极向上的好孩子，我有能力做好自己的事情，我能行！在这个过程中，家长的目标要循序渐进，让辰辰感到稍微努力就能达到。这是一个帮助孩子搭"梯子"的过程，要遵循简单性原则，帮助孩子体验成功，有成就感，从而建立自信心，改善自我的认识。有自信的孩子，才有学习的动力。

最后，帮助辰辰制定时间表，引起孩子的兴趣是关键，比如通过制定时间表，让孩子有更多的时间玩。具体方法如下：

第一周：记录孩子自然状态下的时间安排（从放学回家开始），包括周末；同时记录孩子希望的时间安排，以及家长希望的时间安排。

第二周：和孩子讨论这三个时间表，以确定一个统一的时间安排，并试行一周，然后再调整。注意事项如下：

1. 制定时间表时，如果家长和孩子的想法不一致，应先尊重孩子的想法，这样才有效果；同时约定试行一两天，如果孩子没有按时完成作业，则第二天改用父母的建议；

2. 制定时间表时，告诉孩子遵守时间表得到红星，没有遵守时间表得到黑星，红星和黑星相抵，周末计算红星的数量，并用一定数量的红星换礼物，根据孩子的特点约定礼物的种类，如食品、文具、玩具、游戏时间、电视时间等，也可以是父母的服务、请小朋友玩等；注意：红星一定要多于黑星，对于辰辰，刚开始的时候，可以考虑只给红星，当辰辰的自信建立起来后，再考虑适度加上黑星；

3. 处罚要明确有效（不要用"再也不能如何等"），应该事先告知，力度不宜太大（以孩子能接受的程度为宜），否则，影响亲子关系和时间表的执行效果；

4. 奖励也要细分，让孩子有进步就被肯定，家长不要吝啬鼓励；

5. 把彼此的约定写下来，父母和孩子签字有效；如果遇到没有商讨过的问题，亲子沟通的美妙时间到了，机会来了！

6. 执行时间表时，时间可以稍有弹性（5~10分钟可以接受）；刚开始时，孩子忘记时间表是正常的，父母可以提醒一次；如果孩子没有认真对待，可以告诉孩子约定的处罚生效，注意：态度平静，不要发火，言简意赅，不要唠叨（如果您很生气，请先处理好自己的情绪，再和孩子沟通）。

第三周：和辰辰一起调整时间表，注意观察辰辰是否喜欢这个时间表，如果辰辰不喜欢或者抵触，家长要及时调整，要让孩子感到时间表给他带来了快乐、成功、自信。

6 刁蛮公主丁丁的"七宗罪"

> 姓名：丁丁
> 性别：女
> 年龄：4岁半
> 学龄：幼儿园中班
> 简介：4岁半女孩丁丁上中班了，老毛病没改，还添了许多新毛病：严重的自我中心，有事不好好商量，对大人的警示充耳不闻，做事更加不专注，吃饭磨蹭，睡眠困难，干扰小朋友等七宗罪。在幼儿园里丁丁的捣蛋也总是花样翻新：午睡玩袜子、吃饭将筷子插在鼻孔或嘴里，不是干扰别人，就是伤害自己，甚至会引来小朋友的效仿。真难为老师们每天挖空心思来应对她！

妈妈的叙述与疑问

丁丁进入中班已经两个月了。年龄越大，个性特点越是明显。尤其9月份，那是令我们焦虑不安甚至心情灰暗的一个月。我们发现丁丁老毛病没改，又平添了许多新问题：严重的自我中心、有事不好好商量、对大人的警示充耳不闻、做事更加不专注、吃饭磨蹭、睡眠困难、干扰小朋友等。种种现象导致我们怎么看怎么觉着孩子问题多又严重，我们总在考虑：是习惯问题还是生理原因？是否需要就医？困惑！

暑假将丁丁送回姥姥家时，本以为她是个粗线条的孩子，这种分离对她是一种情感体验，一种别样的历练。谁料，加倍的疼爱，无原则的呵护，很快塑造了一个"刁蛮公主"。又发现丁丁

豆豆妈妈印象及评价

丁丁妈妈忧心忡忡，一口气罗列了丁丁七大"罪状"！

这就是暑期分离造成的"焦虑情绪"吧！正因为丁丁性格中的外向、情绪调整快，使得

回来后出现了从未有过的"黏人"，对我寸步不离，有时还会不讲理、打人。

几次与老师的谈话令我释然了一些，能静下心来分析丁丁的现状及原因。最终认为：如果与丁丁继续对抗是不会有好效果的，问题解决不了不说，我更担心她会不会从此带上标签，变成真正的"问题儿"！

由此想到：尝试一下"淡化问题、转移目光"吧。

于是，晚上睡觉前、上幼儿园前我不再喋喋不休地讲"好好吃饭、好好睡觉"之类，而是和她一起多关注班上的活动，多参与收集资料，鼓励她做好值日，给老师当小帮手等，因为这些都是她愿意做的，也能做到、做好的。在家里，我们也痛下决心：晚睡、早起、早锻炼，就为让丁丁中午能睡一觉（也真怪，这么折磨，丁丁依然睡一天，醒一天，效果并不理想。最终还是老师们不忍心，劝我作罢）。另外，给她报绘画班，帮助她练静；报轮滑班，让她学会吃苦；报感统班，希望能训练专注力。说来好笑，小小年纪一周六个晚上在忙，好在兴趣尚可。

这时，我们也努力发现孩子的优点：性格外向、大胆泼辣；喜欢帮我干活：拖地、叠衣服、刷碗，而且能做得有板有眼；丁丁很有爱心：愿意照顾奶奶、帮奶奶拿药、搀扶奶奶走路、重阳节知道送奶奶鲜花；在家独立吃饭的次数越来越多，饭量也大了；尤其是班上开展"营养饮食"主题活动以来，丁丁知道抵制垃圾食品了；在大人提醒下知道收拾玩具；对绘画有兴趣了，也能安静画一会儿；任务意识增强了，知道提醒家

父母忽视了对她情绪上的安抚，对新问题一味责备，一反常态地"收拾"她，使她原本浮躁的情绪更加难以平静，形成严重逆反，问题逐步升级，家庭气氛紧张。恶性循环！

丁丁妈妈采用鼓励、参与的方式与丁丁沟通，应该是好的开始。

妈妈总结丁丁的优点一点也不含糊，足有七八条呢！

长看通知，重视老师布置的任务，偶有一天忘记看通知了，竟然批评我"没长脑细胞"！还反问我："傻妈妈怎么能生个聪明女儿呢？！"真令人"郁闷"！丁丁特别以帮助老师做事情、为小朋友服务为荣，那天得到了老师的亲笔表扬信她高兴极了！中午睡觉尽管进步不大，可她干扰别人的现象似乎好一些，这也让我们稍感宽慰。

这样看孩子，无非是希望多给她一些正面鼓励，强化她的良好习惯，但若干的问题依然困扰着我们。比如，我行我素，自由散漫，做事磨蹭拖沓，专注力差、怕吃苦，对大人的要求、提醒充耳不闻，等等。

比如，轮滑是丁丁喜欢参加的活动，但学习基本动作时枯燥、辛苦。丁丁对此表现明显，当她发现摔上一跤并无大碍，又可以稍事休息时，她便故意摔跤，趴在地上不起来，乐此不疲。回家后狠批了一通，第二节课，丁丁大有进步，练得认真，滑得开心，与上次判若两人。正暗自高兴呢，谁料第三节课，丁丁故技重演，且变本加厉，整个人处于游离状态，我大怒，提前带她离开。一路不语，考虑怎样才能让她"加深记忆"！我直接带她把轮滑鞋放在"垃圾点"！丁丁大哭，承诺以后认真学，听老师话。僵持许久，我让她考虑好：还想学吗？怎样学？最后，一边哭一边提回轮滑鞋，跟我回家。不知下节课会是什么状态。又如，绘画班上，丁丁不认真听讲，还好管闲事，作品自然不好，速度还特别慢。回家后又是一番苦口婆心、软硬兼施，第二节课有好转。最近总是这样反反复复，不知这只是个过程，还是需要持久战？

看起来妈妈是个完美型的，不允许丁丁有丝毫的不足和缺点啊。而且妈妈寻找丁丁的优点有点功利的味道，不是欣赏丁丁，而是有目的的。

妈妈对丁丁的不当行为采取批评、惩罚的方法，恰恰满足了孩子的行为目的（吸引注意、争取权利），暂时有效，之后又会复发，不会从根本上解决孩子的问题。

丁丁的捣蛋也总是花样翻新：午睡玩袜子、吃饭将筷子插在鼻孔或嘴里，这样做不是干扰别人，就是伤害自己，甚至会引来小朋友的效仿。真难为老师们每天挖空心思来应对她！

现在每天去幼儿园接丁丁时，都是带着不安情绪的，丁丁表现怎样？老师是否又要告状？

进一步证实丁丁用各种行为吸引注意，老师和父母都被她搞得团团转。

豆豆妈妈诊断

教育孩子是一个系统工程，需要父母耐心学习，要知道，孩子的任何行为都是合理的，哪些行为能够保留下来，哪些行为会被淘汰，关键在于父母的反应。其实孩子的行为都是有目的的，孩子的话也都是有话外音的，如果父母错误地解读了孩子，必然导致自己生气，并以错误的反应应对孩子，最终使得孩子的不当行为得到强化而保留，即使孩子的行为当时有所改善，正如您所说的，丁丁学轮滑一天好，一天坏，不能持久，其实孩子是在用她的行为显示其行为目的：吸引注意，对于这样的行为，您的提醒、关注、生气、批评等恰恰满足了孩子的行为目的，这将是"持久战"，没完没了，而且会越来越强，当孩子再长大一些，她会说"扔了吧"，那时怎么办？

父母生气的时候不是教育孩子，而是教训孩子、发泄自己，与妈妈想达到的教育目的背道而驰，孩子的行为不仅没有改过向善，反而学会了生气、发脾气，学会了批评、指责别人，例如"偶有一天忘记看通知了，竟然批评我'没长脑细胞'！"孩子的情绪表达是从父母那里学来的，只有情绪稳定的父母才能培养高情商的孩子，也才有智慧解决问题，而不是消极抵抗（例如，当她发现摔上一跤并无大碍，又可以稍事休息时，她便故意摔跤，趴在地上不起来，乐此不疲）。

父母生气时不是教育而是教训孩子

对于吸引注意的行为，父母有效的做法是忽视它，当孩子有良好表现时，比如"第二节课，丁丁大有进步，练得认真，滑得开心"，您一定要发自内心地及时肯定她，即鼓励孩子做得好的行为，孩子的行为目的通过有效途径得到满足，孩子的学习兴趣也会相应提高。

另外，妈妈面对孩子的某些行为感到生气的时候，请先离开孩子，做到"一离二吸三凉水"，先稳定自己的情绪后，再和孩子沟通，解决问题。

教育孩子是一个漫长的过程，请在最近一段时间选择一个最让您困扰的行为（千万不要眉毛胡子一把抓，选定后，其他的不当行为先放一放，当一个行为改善后，其他的行为自然会改善和提高），加以改善和提高，同时一定要关注丁丁的优点，正如您所说的，丁丁有那么多的优点，每一个都是一颗闪闪的红星，建议：准备一张纸，当丁丁表现好的行为时，画一颗红星；当丁丁表现不好的行为时，画一颗黑星（一颗黑星抵消一颗红星），行为好或不好的标准应该与丁丁协商，共同制定，不能完全由妈妈制定（参见"做不完的作业，玩不够的花样"），而且妈妈在画黑星的时候态度应是坚定温和。多出来的红星可以转化为对孩子的奖励，例如5颗红星可以换成一次游乐园等，可以与孩子商定奖励的内容和交换红星的数量。

7 令人头疼的淘气包

姓名：豆丁

性别：男

年龄：10岁

学龄：四年级

简介：10岁四年级男孩，调皮捣蛋、爱打架，老师对他的评价是：在学校最大的问题是对规则不认同，和老师同学交往始终处于一种霸气状态！上课也好、排队也好、睡觉也好，他总是以自己的喜好和意愿行事。比如老师让读书，他不读，老师走过去提醒他几次，他高兴就会拿起书跟着读，不高兴就会看看老师，从抽屉里取出课外书，自己看上了，公然与老师对抗。学校提出限期转学，我都愁死了。

妈妈的叙述与疑问

我的孩子真让人头痛，在学校表现很差，调皮捣蛋、爱打架，前一段时间学校提出限期转学。我和学校说尽了好话，学校才答应如果这段时间不犯大的错误，就可以接受他。

我们家离学校很远，而且我和他爸爸工作特别忙，经常加班，时间没有保障，所以我们让豆丁住校。但是最近为了减少犯错的机会，我不得不暂时放弃工作，每天按时接他回家住，第二天再早早送他上学。即使这样，我还是担惊受怕的，就怕他在学校惹是生非，一听到电话响，我的心就哆嗦不止，真是没有办法啊。

老师对他的评价是：在学校最大的问题是对规则不认同，和老师同学交往始终处于一种霸

豆豆妈妈印象及评价

学校对豆丁无可奈何，留校察看，直至限期转学。妈妈也对豆丁没办法，却不能放弃。

父母都很忙，没有时间管教孩子，完全交给学校，导致教育的失衡，现在补救还来得及，关键是引导的方法。

豆丁印象：不惧权威，不守规则，随意而

气状态！上课也好、排队也好、睡觉也好，他总是以自己的喜好和意愿行事。比如老师让读书，他不读，老师走过去提醒他（可能是几次），他高兴就会拿起书跟着读，不高兴就会看看老师，从抽屉里取出课外书，自己看上了，公然与老师对抗。

豆丁有个同桌，是个很懂事的孩子。他上课时老是抢那个孩子的文具，哪怕别人正在用着，他会一把从别人手里抢过来自己用，别人肯定不高兴，再跟他抢回来……老师过来调解，他会质问老师：你凭什么说我不说他？！

上周，他和班里另外两个淘气包去书屋，那两个孩子让他挑一本，他就指了本《柯南》（漫画书）。他们一共从书屋拿了三本书，没付钱，被书屋老师追出来，其实他的书卡里有一百多元！他的理由是：他要买的是漫画书，担心父母不同意他买，所以就没付钱"拿"出来了。

鉴于豆丁在学校的不佳表现，我们让他从上周四起在家里停课反省两天，今天重新回到学校。中午老师还说豆丁和上周比起来有进步的地方，下午我就被老师叫到学校，豆丁居然在下午的音乐课时没有去上课，而是和几个孩子一起在楼道玩了一节课。他的理由是上厕所迟到了，又去了医务室，结果耽误了上课时间，怕影响同学上课或是老师不让进教室，就没去课堂。其实他没有去医务室，用他自己的话说，他是随嘴一说。他常常对一件事情的表述与其他同学或老师表述的情况有出入，不知是他自己有幻觉还是在故意撒谎。

本来说好今天晚上上完信息课再接他回家的

为。不是英雄，就是枭雄。别人不敢做的事情他敢。

豆丁印象：与他人界限模糊。

豆丁印象：缺乏基本的道德观念。

豆丁印象：随意而为，不计后果，爱狡辩，老有理（换句话就是"胡搅蛮缠"，语言表达和逻辑思考能力很强）。注意：不要中招！

（他最喜欢上信息课）。由于我下午去了学校，想让他放学后就和我一起走，结果他在学校里藏了起来。以前也发生过类似的事情，他想在学校玩，我要接他回去，他就藏了起来。

　　总之，这孩子无视纪律、规则的存在，即使在停课反省了两天之后，依旧在学校比较随意，我真担心他被学校除名。

豆丁印象：聪明，点子多。

豆豆妈妈诊断

　　豆丁的行为表现不是一朝一夕形成的，而是经过了漫长的过程。我们知道，孩子成长的动力是归属感（一席之地），12岁之前的孩子具体分为四个行为目的：吸引注意、争取权利、报复、自暴自弃等。孩子会用各种各样的行为来达到行为目的，有的是建设性的（如成就、合作、乖巧等），有的是破坏性的（如磨蹭、逆反、骚扰、执拗等）。

　　通常孩子会先用建设性的好的行为来获得关注（表扬），如果失败，就会用破坏性的不好的行为来试探（批评）。豆丁的爸爸妈妈忙于工作，没有时间陪他，也没有时间表扬他，豆丁的好行为没有得到关注；他就会用骚扰的行为试探（调皮捣蛋、打架、破坏规则、抢同学学具、拿书屋图书、顶撞老师、不去上课、说假话等），且百试不爽，父母和老师都会中招，每次都会生气、发脾气。这些行为招致批评、责罚，行为目的得到了满足，因此不会改善，反而愈演愈烈，恶性循环，直至学校忍无可忍，要求豆丁限期退学。

　　从儿童的自我发展来看，0~4岁是"生理我"形成的关键期；4~12岁是"社会我"形成的关键期；12岁以后进入"心理我"的自我探索期。"社会我"的形成依赖于父母老师对孩子的评价，如果孩子听到的多是鼓励、肯定，他就会给自己贴一个"我是好孩子"的标签，所有的行为都会符合好孩子的标准——合作、有礼貌、守规则、努力学习等；反之，他就会认为"自己是坏孩子"，所有的行为都会配合这个标签。

　　豆丁属于后一种，根据自己的经验，误认为只有用破坏性行为才能获得关注——批评，否则，就会被忽视；长此以往的批评指责导致豆丁认为自己是坏孩子，所有的行为都是为了配合这个标签。

孩子总是被批评就会给自己贴上"坏孩子"标签

对豆丁行为的改善要用系统论的观点，不能单纯改善哪一个行为。要帮助豆丁更换标签，去掉"坏孩子"标签，换上"好孩子"标签，重新给自己定位。

豆丁习惯于用骚扰、不合作的行为获得关注（批评），如果能打破这个联系，就成功了一半；同时建立建设性行为获得关注（肯定）的联系，就能帮助豆丁更换新标签了。

具体来说，就是对于豆丁那些不好的行为，比如调皮捣蛋、上课说话、不读书等，只要没有危险，不影响大局，可以暂时忽视，不予理睬，让这些行为得不到关注；如果有危险，或者影响重大，不要当众批评、指责他（满足他的行为目的），可以让他进行有限度选择，比如说："豆丁，你有两个选择，现在把文具还给同学，或者把你的文具借给同学用。"态度坚定，语气平静。相对于以前长篇大论的批评而言，这对豆丁是一种忽视，有助于打破不好行为获得关注的联系。

当豆丁有好的表现，换句话说，就是没有出现那些调皮捣蛋的行为，就要及时肯定他。比如说："豆丁，你这节课读书的样子很棒！""豆丁，你举手回答问题，老师很高兴。""豆丁，你想看同学的文具，提前和他商量，很有礼貌。"豆丁通过好的行为获得关注，满足了归属感，获得了一席之地，他会越来越多地表现好行为，也会越来越多地获得肯定，不好的行为就没有发展的空间和机会。

豆丁将会给自己贴上"我是好孩子"的标签，他会用更多的好行为支持这个新的标签。

8 孩子，你为什么撒谎

姓名：轩轩

性别：女

年龄：9岁

学龄：三年级

简介：9岁女孩轩轩，从小就是个诚实的孩子，却谎称自己运动会得了第四名，偶然间我发现了这个秘密。看着轩轩眉飞色舞的样子，我无法说出"你撒谎"这样的话，可是我觉得很悲哀，也很困惑，黯然神伤。轩轩似乎看出我不高兴的样子，疑惑地问我："妈妈，你不高兴吗？是因为我没有得奖状吗？"我真的不知道该如何教育孩子。

妈妈的叙述与疑问

老师，我不明白轩轩为什么说假话。她从小就是个诚实的孩子，从来不撒谎，这一直是我引以为傲的事情。我常常夸她是个诚实可信的孩子，还经常给她讲诚实的重要性，她也特别认同。

轩轩学习成绩中等，但是体育特别好，尤其是跑步很突出。上学以来，每次运动会都得奖，她也对自己非常自信。但是10月发生的一件事让我猝不及防，甚至对自己的教育方法产生了怀疑。

一天，轩轩特别高兴地跑回家，刚进门，就飞到我的面前，兴奋地说："妈妈，我们今天开运动会了，我参加了100米、400米、800米比赛，都得了第四名，但是跳远得了第一名。"

豆豆妈妈印象及评价

一贯诚实的孩子，偶然说谎一定有原因。

轩轩用体育成就获得妈妈的关注。

奇怪，一向跑步突出的轩轩，这次跑第四名，怎么还如此兴奋？也许是因为跳远成我也特别高兴，因为女儿的体育成绩三年来一直特别好，我还鼓励她说："下次咱们好好练练，一定能进前三名。"

真巧，第二天我去轩轩的学校有事，老师跟我说："轩轩没有参加今年的运动会，因为预选赛落选了，情绪有点低落，让她明年好好准备一下，争取参加，她还是挺有潜力的。"我一愣，十分惊讶，但还是忍住没有说出轩轩的"谎言"，我不知道她为什么说假话。

回到家，轩轩在同学家里，我打电话问她运动会的事情，只是问了一些细节，比如你们班都有谁参加了这些比赛项目，他们都得了第几名，跑了多少秒，你跑了多少秒等，并没有揭穿她，也没有说我今天下午去学校的事情，我多希望她自己说出实情啊。可能因为有同学在旁边，轩轩支支吾吾，说回家后再和我说。

晚上，她回来继续说比赛如何精彩，描绘得活灵活现，还说第四名没有奖，我问她跳远得了第一名，怎么也没有奖？

轩轩回答："是啊，我也不知道为什么没有我的奖，真奇怪。"一脸无辜的样子。

我如果不知道实情，一定会被她的话打动。看着轩轩眉飞色舞的样子，我无法说出"你撒谎"这样的话，可是我觉得很悲哀，也很困惑，黯然神伤。

轩轩似乎看出我不高兴的样子，疑惑地问我："妈妈，你不高兴吗？是因为我没有得奖吗？"

"哦，不是。"我回过神来，不知道该如何教育孩子。

绩吧。

轩轩说假话，是为了让妈妈高兴。

妈妈可以直接告诉轩轩见到老师了，知道了运动会的情况，希望见面和轩轩好好聊聊。

开弓没有回头箭，把假话进行到底。

妈妈把"说假话"行为和轩轩混同一体了。

豆豆妈妈诊断

孩子说谎有种种原因，其中一个原因就是出于无奈！从这个意义分析，撒谎有时是家长逼的！——这是很多家长都没有想到的！一位哲学家曾经说过："孩子不诚实几乎总是恐惧的结果。" 孩子通常会把爸爸妈妈是否高兴当作衡量自己行为对错的标准，为了不让爸爸妈妈生气，最简单的方法就是不承认自己做过的不好的事情。

孩子成长的动力是归属感，希望他人（尤其是父母）的肯定和接纳。轩轩学习成绩中等，很难得到父母的特别关注；但是轩轩体育成绩突出，一直能够得到父母的肯定和夸奖，这种被关注的感觉支持着轩轩，妈妈的接纳能够满足轩轩的归属感。

可想而知，轩轩太想参加运动会，也太想得到妈妈的肯定。一、二年级的运动会轩轩都取得了好成绩，父母、老师都认为她理所当然能参加运动会，并能取得好成绩，连轩轩自己也是这么认为的，因此对预选赛掉以轻心，导致最终没有参加比赛。

轩轩对这样的结果难以接受，对这种挫败的情绪无法排解，尤其害怕妈妈知道了真相就会不喜欢自己了，所以谎称自己参加了运动会。轩轩知道第四名没有奖品，所以妈妈不会太追究，那么轩轩在家里可以继续享受被祝贺的感觉，享受妈妈的关注，满足自己的归属感，这比被忽视要好得多。

孩子的想法很简单，根本没有想到妈妈知道真相会怎么样，确切地说，她不是有意欺骗妈妈，只是她太想参加比赛，太想和妈妈分享她的成绩了，太想让妈妈高兴了。

家长期望过高导致孩子撒谎

首先，对于孩子第一次说谎，父母的态度很关键，要以平常心对待。不要轻易下断言说孩子品德不好而暴跳如雷，也不能轻描淡写地认为孩子长大了就好了，更不能鼓励孩子的说谎行为。轩轩说假话的出发点无可厚非，只是轩轩采取了不适当的行为，要纠正的问题是"轩轩说假话"（行为），而不是"轩轩是一个说假话的孩子"（孩子），分清问题和孩子。如同一个人感冒了，需要处理的是病毒或细菌，而不是人。

其次，根据孩子成长的动力，调整自己的教育方法，不仅在孩子取得突出成绩的时候（短暂的瞬间）肯定他，而且要鼓励孩子努力进步的点点滴滴（漫长的过程），孩子就会更好地享受达到目标的过程，享受努力过程中妈妈的接纳和鼓励，满足归属感，对自然的结果也能坦然接受，不必说假话来获得妈妈的关注。

再次，要正确运用奖惩手段：帮助孩子认清谎言只是暂时的，诚实会减轻对他过失的惩罚，撒谎则会受到更严厉的惩罚。比如，直截了当告诉轩轩妈妈见到老师了，也知道她没有参加比赛，希望了解轩轩是怎么想的，妈妈可以说："轩轩，妈妈从老师那里知道了运动会的事情，但是妈妈更愿意听你说出真实的情况和真实的感受，无论发生什么事情，妈妈都爱你，相信你是个好孩子，和你站在一起。"妈妈的关切会获得轩轩的信任和依靠，她不必害怕讲出真实情况而受罚。

最后，要灌输正确的道德观和承认错误的勇气。言传身教地教育孩子任何形式的不诚实都是不道德的，于己于人都是有害的。告诉孩子人都会犯错误，妈妈也不例外。犯错误不可怕，只要承认并改正就是好孩子。有时候，承认错误真的很难，不承认错误又好像背着沉重的包袱，时刻都担惊受怕，不安心。当孩子有了诚实的行为，妈妈应及时给予鼓励和奖励。

诚实的品格不是天生的，而是逐渐形成的。

9 爱插话的孩子

姓名：骏骏

性别：男

年龄：11岁

学龄：五年级

简介：最近老师说孩子不完成作业、上课说话、接下茬还摸老师头发！老师很生气，警告我再不好好管管，将来孩子一定变坏！其实我有点怪老师，孩子嘛，难免淘气。怎能因为这点小事就不依不饶，还说孩子将来不会有出息，他怎么能这么说！

妈妈的叙述与疑问

我都快急死了！最近一个多月，骏骏在学校表现特别不好，老师经常"告状"，说他不完成作业，还扰乱课堂纪律，老说话，摸老师的头发（年轻的女老师），老师很生气，说一年级的孩子都知道男女授受不亲，你都五年级了，怎么还不知道呢？老师警告我再不好好管管，将来孩子一定变坏！我该怎么办？您看我最近特别忙，现在正开会呢，我交给别人主持，赶紧溜出来，一会儿还要赶到顺义去，他还给我添乱！

我有自己的团队，主要代理一个饮料，做销售，压力很大，还要经常给我的团队培训。骏骏有时候也参加我们的培训。他是个特别聪明的孩子，喜欢阅读，知识面很广，上课听讲10分钟，他就都会了。然后就开始说话、接下茬，给老师捣乱。他说老师冤枉他，他没有摸老师头发。

豆豆妈妈印象及评价

骏骏妈妈急切的声音和满面的愁容道出了孩子的问题：现在表现不好，将来怎么办？

妈妈工作忙，常常忽视了骏骏，以前的老教师可以补偿妈妈的作用，骏骏的归属感获得满足。转学后的年轻教我猜他不完成作业是不是故意和老师过不去？因为他不喜欢这个老师。以前他在郊区上学，都是50岁左右的老教师，特别喜欢他，他的学习也很好。三年级转到这个学校，老师是年轻的，不喜欢他，他也不喜欢老师，经常和老师作对。

> 师没有满足骏骏的情感缺失，导致骏骏归属感的失衡。

其实我有点怪老师，孩子嘛，难免淘气。怎能因为这点小事就不依不饶，还说孩子将来不会有出息，他怎么能这么说！我认为，孩子在家里出问题，父母应负责任，在学校出问题，应该老师负责任，不能出点事就把孩子说得体无完肤。

> 问题出现的时候，人通常会找外部原因，通常会责怪别人。

我也很担心孩子，他不喜欢老师就不好好学习，我都想把他带回家自己教了。当然，这是气话。我对孩子说：以你的聪明才智，只要好好努力，你会成为你们班最棒的！可是你为什么不努力？为什么不遵守课堂纪律？为什么不好好表现呢？

> 这是问题的根源：如何让孩子努力？

骏骏这孩子特别黏我，我在家带骏骏直到他2岁了，我才上班，每天早上我都偷偷地去上班。我出差之前都不敢告诉他，怕他不让我走。他知道后能哭一天。我知道后心疼不已。现在我出差都是已经走了才打电话告诉他我要几天后才回家，他天天盼我回来。骏骏这孩子，我管紧一点，他能考第一名；我要出差了，一去半个月，他不好好写作业，也不好好学习，能考最后一名。愁死我了，怎么说都没有用。其实，骏骏很自立，可以自己做饭吃，自己上下学等，有时候还给妈妈做饭。

> 骏骏的学习、写作业等都是为了获得妈妈的关注。

也许是我和骏骏太平等了，他和我的沟通非常顺畅，他可以随时打断我，我也可以随时打断他，我们像朋友一样。但是我的亲戚和朋友们说

> 妈妈对骏骏的"插话"非常宽容，甚至是鼓励这个行为。

骏骏怎么老是插话，老是打断别人，让人很不舒服。当然，他的知识确实广泛，思维也很敏捷，大人还没有反应过来，孩子想出来了，就回答了，大人觉得没面子，却反过来责怪孩子。

　　我也知道孩子要学会和其他人相处，我告诉骏骏，如果有外人在，就不要随意插话，只有我和他的情况下，才可以自由交谈。但他总是个听话，这学期，在学校也插话，惹得老师不高兴，大事小情都找我告状，还说孩子将来没出息。气死我了！

身教大于言教。

　　我还想起一件事，有时候我晚上下班回家，直奔厨房，骏骏立刻停下所有活动，跑到厨房，围着我说这说那，还要帮我干活。我说："怎么那么烦！快去写作业！"孩子扫兴地说："好心没好报！"其实我是担心他分心，完不成作业。

骏骏希望获得妈妈的肯定，以满足归属感。

豆豆妈妈诊断

　　孩子成长的根本动力是归属感，即孩子的行为都有目的（参见"我的冤家儿子"）。骏骏2岁之前，妈妈时时刻刻和自己在一起，当妈妈上班之后，由于工作特别忙，还要经常出差，骏骏感到失落、伤心，这个"情结"直到现在（骏骏都五年级了）还没有很好地解决，并带来了一系列的问题。

　　骏骏小学一年级至三年级，由于是老教师，像妈妈一样，骏骏的归属感得到补偿。但是转学之后，年轻教师没有给骏骏这样的关注，骏骏的归属感失衡而出现问题：不完成作业、上课说话、接下茬、摸老师头发。通过这些行为，骏骏再次获得老师的关注，并通过老师告状而获得妈妈的关注，满足了骏骏的行为目的，因而这些行为得以保留。

　　另外，骏骏在学校的行为方式（接下茬、上课说话等）与在家里和妈妈的沟通方式类似：随意打断对方。妈妈和孩子平等自由地沟通是好事，但是过度、没有规矩就会带来问题。骏骏反应快，常常打断妈妈，作为母亲，希望孩子聪明能干，妈妈的表情和语言充满对孩子的肯定和鼓励，他的"快速反应"被妈妈肯定的同时，附带的"打断别人的思路"也被强化了，因为这两个行为同时满足了孩子的归属感而得以保留。

虽然妈妈用语言告诉骏骏在他人在场的情况下不要插话，或者在学校的时候不要接下茬，但是孩子没有学到这种情况下应该怎么做，而且身教重于言教。

▰▰ 父母和老师有效沟通才能帮助孩子养成好习惯 ▰▰

父母和老师都是孩子教育的合伙人，都有义不容辞的责任。在学校里，老师要对三四十个孩子负责，骏骏只是其中之一，但是在家里，父母只对一个孩子负责，骏骏是百分之百。在抱怨老师、担心孩子的同时，父母更应该有所行动，才能有效帮助孩子。

首先，妈妈要了解骏骏的行为目的，了解骏骏希望被肯定和接纳的心情，相信骏骏正在成长，正在学习独立，有能力克服面对的困难。把骏骏当成真正的伙伴，用骏骏的眼睛看问题，和他一起解决问题，就好像妈妈和自己的工作伙伴探讨解决问题一样。请在出差之前（至少一周），提前告诉骏骏妈妈要出差的确切日期，可是很担心他不能好好照顾自己，不能独自完成学习，把这个问题抛给骏骏，一方面他感到被妈妈信任（满足归属感），一方面他也要证明自己能行（因为他确实能行，妈妈只要激发他的积极性就可以了）。当他的积极性被激发出来，相信他会做得很好。

其次，和骏骏讨论妈妈不在家的这段时间，骏骏的具体时间安排，帮助他设定目标和计划，在妈妈出差前的这一周里试运行，及时鼓励他的每一点进步，每天都要鼓励，至少用10分钟和骏骏讨论他的计划实施情况，包括在学校的表现等，注意：忽视那些做得不尽如人意的地方，强调骏骏的努力和点滴进步（暂时降低自己的标准，用骏骏的眼睛看问题，一定会发现骏骏的进步）。

最后，妈妈要调整自己和骏骏的沟通方式，包括言教和身教。言教也很重要，妈妈常常用反问句和孩子沟通，当孩子听到"为什么不……"的时候，他常常是根据"不……"来行动的。对孩子的指令最好是简单、明确、正向，只要告诉他"要……"就可以了。当妈妈问他"为什么不遵守课堂纪律"，他的行为就是"不遵守课堂纪律"。可以直接告诉骏骏"要遵守课堂纪律"就可以了，同时约定不遵守的处罚。身教更重要了，妈妈和骏骏平等沟通的态度是值得肯定的，可以做一点点的改变，下次骏骏要打断妈妈的时候，请提醒他等妈妈把这一段话说完，或者他可以先举手示意，得到同意后再发言。这样，骏骏学习到倾听别人，学习到规矩和尊重，学习到等待，学习到控制自己表达的欲望。他和妈妈的沟通改善后，相信他也会改善和老师的沟通，改善在学校的行为。

10 爱捅娄子的调皮大王

姓名：果果

性别：男

年龄：7岁

学龄：一年级

简介：果果上学以来，我们就没有消停过。三天两头地被找家长，学校的门槛都快被我们踏破了。上课说话、敲桌子、顶嘴、动多媒体、抢同学东西等，要不就是被同学打了、打同学了，等等。老师说他没有规矩，注意力不集中，不管上课，还是下课，根本就静不下来，稍不留意，就能捅出大娄子。这和我们心目中的果果判若两人，到底发生了什么？

妈妈的叙述与疑问

果果上学以来，我们就没有消停过。三天两头地被找家长，学校的门槛都快被我们踏破了。上课说话、敲桌子、顶嘴、动多媒体、抢同学东西等，要不就是被同学打了、打同学了，等等。老师说他没有规矩，注意力不集中，不管上课，还是下课，根本就静不下来，稍不留意，就能捅出大娄子。刚开始的时候，我们特别惊讶，根本不相信，因为这和我们印象中的果果完全不一样。

果果小时候聪明可爱，记忆力好。上学前就能认识两千左右的汉字，喜欢做算术题，钢琴弹得也不错。喜欢益智类游戏，对于喜欢的事情，比如算数、认字、拼图等，一次能持续一小时以上；但有时也坐不住，比如吃饭时，晃腿、身子

豆豆妈妈印象及评价

调皮捣蛋的果果好奇心很强，但是没有规矩的概念，随性而为，想做什么就做什么，缺乏自制力。和同学的交往没有界限，经常发生冲突，影响人际关系。

果果的智商应该不错的，情商（行为习惯）欠缺。

也经常来回歪，根本静不下来。

　　果果对许多事情抱有好奇心，特别是钟表、电视、手机、轮子等转动的东西，喜欢问为什么，并愿意探个究竟。我们也很困惑：限制他，怕伤了他的好奇心和探索精神；不限制，他出去也乱动，无论到哪里，都到处乱看、乱动，批评根本不听，上课也是如此。

　　果果还很固执，脑子一根筋，想干啥就干啥，有一次上幼儿园，都走到一半了，非要回家拿一个玩具，大喊大叫的，我们通常就妥协了。看到小朋友的玩具，直接上手抢，还经常被打，有一次，鼻子被打出血了，也不松手。

　　以前我们都没有特别在意这些行为，以为长大就自然好了，但是上学后出现的这些严重问题，让我们苦恼不堪。老师说如果单教他一个，会很喜欢，因为他智力比较突出。但教40个学生，有他就很头疼。因为他不守课堂纪律，影响教学。具体如下：

　　1. 果果上课经常说话，接老师话茬，老师要罚站，他非常恐惧地说："别罚了，打我（手）吧，我自己打，就自己用手打桌子。"在家里，妈妈从不打他，爸爸会打他手，但他也不怕，他很怕被罚站，不知为什么，也就是罚10分钟左右。

　　2. 果果上课敲桌子，体育课和上操时乱动乱晃，老师批评他，还顶嘴，对老师说我不高兴；我不愿意；我不喜欢；我没问题，你有问题等。

　　3. 果果每天都乱动教室里的多媒体，乱画黑板等。我们每天早上对他说：别动多媒体。他答应不动。下午回家后，问他动了吗？他回答动

　　保护好奇心和建立规矩之间，如何找到平衡正是教育的核心。

　　当孩子的行为习惯影响到学习，家长才会重视。

　　果果在家里没有养成遵守规矩的习惯，到了学校自然不知道如何遵守学校的规章制度。

了。多气人啊！

4. 因为经常抢、拿同学的东西，没有同学愿意和他玩。有一次体育课，老师让没带跳绳的同学去向带的同学借跳绳，他也不说话，上去就"抢"。他还拿同桌女生的水壶喝水，害得人家只好将水壶挂在脖子上；拿黑板擦砸同学；拿勺子舀公共汤盆里的汤等。他自己的书、本子、文具等也经常被同学拿走，他还经常被同学打。

我们每次都教育他要听老师的话，要遵守课堂纪律，不要动多媒体等，但是果果的行为却变本加厉了。

> 不当的教育方法没有帮助到果果。

豆豆妈妈诊断

果果从小聪明可爱，爱学习，算术、认字、钢琴等都很棒，妈妈因此忽视了对果果行为习惯的培养，以为这些都是小问题，长大自然改善。殊不知，孩子未来的成功由两个方面的决定因素，一是智商的发展，占20%；二是情商的发展，占80%。而且，智商是先天遗传的，情商是后天教育的结果，决定孩子智商发展的程度。即所谓播种一个行为，收获一个习惯；播种一个习惯，收获一个性格；性格决定命运。

果果有好奇心和求知欲都是非常好的，在以往的经验中，父母更重视果果个性的发展和智商的培养，有求必应，及时满足果果，因此果果没有学习到控制冲动、等待时机、延迟满足的习惯。妈妈因担心限制果果个性的发展，对于果果规矩的建立、情绪的控制、行为习惯的养成等采取听之任之的态度和方法，导致果果随意而为，以自我为中心，不受任何限制。

果果在家里形成的这种无界限、无规矩的状态延续到学校，表现为经常违反课程纪律、想说就说、想做就做、想动就动、想拿就拿、想抢就抢等，老师经常批评他，同学也不喜欢和他玩。果果这些调皮捣蛋的行为总是能得到老师、同学、父母的关注（批评、责罚、提醒等）而强化保留，果果偶尔的好行为（一定有不调皮捣蛋的时候）因没有得到关注（肯定）而消失。

在这个过程中，父母和老师把教育的重点放在责罚果果的不好行为上，忽视了帮助果果建立好行为，结果果果不好的行为因满足了行为目的而增强。

情商培养从建立规矩开始

培养孩子良好的行为习惯就要在发展个性和建立规矩之间寻找平衡点，完全地发展个性就会像果果一样，由于以自我为中心，导致社会不接纳而行为受到更大的限制。

当务之急是帮助果果建立规矩和界限的概念，首先用明确的语言告诉果果：无论在哪里，每个人都是独立的，是有界限的，包括父母、老师、同学等；要互相尊重，未经他人许可，不可以触碰别人的身体（打人或摸人），也不可以拿别人的玩具、文具等；教室里的多媒体是老师专用的，未经老师允许，不可以触碰；上课说话先要举手，经过老师同意后再发言。

然后，列出具体的行为（上课说话、敲桌子、动多媒体、拿别人东西），告诉果果应该如何做，做到了，给果果一颗红星；做不到，给果果一颗黑星（承担行为结果，不要随意批评、责罚、发泄），红星和黑星相抵，计算红星数量，约定红星换奖品的方法，让果果在思想意识上愿意玩这个游戏，有助于建立规矩的概念，并养成果果"先动手再动嘴"的习惯。比如，告诉果果上课发言要先举手，老师同意了才可以说话；老师没有叫到你的时候，要耐心等待；眼睛要看着老师，手要放在书本上，耳朵听老师讲，嘴巴闭上，安静听讲；多媒体是老师专用的，未经允许，果果不可以触碰，也不可到讲台上；果果如果要借同学的跳绳，应说："同学，可以把你的跳绳借给我跳一下吗？"经过同学同意再拿跳绳，并在家里和果果多次练习……

最后，要在行动上实施赏罚方案，不要求果果每时每刻都做到，只要果果做到一次，比如某天上课时眼睛看着老师（或者精确到每节课，也许果果第一节课做到了，第二节课没做到，第三节课又做到……），就要给果果一颗红星；可以每天结算，也可以每周结算，一定要红星多于黑星（如果黑星多了，也可以只给红星，忽视不好的行为）让果果通过自己的努力获得奖品。通过这样的过程，果果能够看到自己的努力结果，父母也能更多关注果果的好行为，满足行为目的而多次重复。当好行为多次重复，就成为习惯了，这需要3~6个月的坚持。

此外，对于多媒体，如果有机会，可以满足果果的好奇心和求知欲，在成人的看护下，让果果触碰多媒体，给果果讲解多媒体的工作原理等（可以带果果到音像商场，或者和老师沟通）。将果果的红星和多媒体联系起来，比如积累了20颗红星，可以去一次音像商场等。既保护了孩子的好奇心，也培养了孩子控制冲动、延迟满足的能力，有助于养成良好的行为习惯。

Chapter3 学习篇

1 分数重压下的孩子

> 姓名：然然
>
> 性别：男
>
> 年龄：8岁半
>
> 学龄：三年级
>
> 简介：8岁半三年级男孩，多次说想自杀，还用刀子架在脖子上，妈妈害怕而来咨询。然然是和妈妈一起来的，被安排在另一个房间里写作业，看起来一副很懂事很听话的样子，一进门就拿出作业，安安静静地写起来。

妈妈的叙述与疑问

然然太不自信，缺乏责任感，胆子小，在学校里不敢发表自己的意见，总是随大溜儿。近半年来表现得心理压力很大，几次说过"不想活了"的话。我很担心，希望他能够自信、乐观、增强独立意识。

然然最近半年来几次提到过想死（第一次还是两年前刚上一年级的时候说的）。去年夏天他参加仁华学校的考试，因为之前生了病，所以没有参加考前的辅导。据他说，语文考得很不好，作文一个字都没写。然然一出考场就一脸的沮丧，告诉我他不想活了。前几天也是因为学习的事情，他情绪特不好，后来就当着我的面拿刀放在自己脖子上，对我说："妈妈，你看我要用刀

豆豆妈妈印象及评价

交谈过程中，妈妈谈起然然的情况时语气一直很平淡，只是在说到然然拿刀子和说到"魂"时，眼含热泪。

然然虽然语文没有答题，却考到仁华的第四个班，说明他的数学成绩相当突出！而妈妈对此并没有很积极的评价。

妈妈一直说对孩子的要求不高。但是有一个细节，比如，谈到

碰到脖子了!"我当时特紧张，跟他说，千万别那么做!那样会很疼的。他倒是把刀放下了。但是后来然然常常提起这件事，还跟我说："妈妈，我现在不会那样做，我不会死的。但是如果有一天我死了，妈妈你千万不要伤心。我的魂也会报答你的。我知道你是为我好。"他还说死后再做人，一定要成为班长那样的人（他的同学，女孩子，学习特别好）。

然然平时总是心事重重、不开心的样子，学习压力很大。其实他学习还是挺好的。有一次然然百词测验错了5个字，成绩是良，拿回家一张表扬喜报。但然然并不怎么高兴，他对我说"再错一个字，就得不到喜报了"。

有一次，为了帮助他写关于动物的作文，我和他爸爸计划周日带然然去动物园参观。那天我刚刚出差回来，也挺疲乏的。可告诉然然要去动物园时，然然的态度却很不积极，一开始说想去划船，后来他勉勉强强同意了，又眼泪汪汪的。出去玩时也并不开心，一家人玩得都很无趣。事后，他才悄悄和爸爸说，其实他很想划船，但是我们都已经定好了，他也就不坚持自己的意见了。

"走美"竞赛，妈妈说他只得了二等奖，语气中没有兴奋。因此，我推测妈妈心中的要求其实很高。我儿子"走美"得了三等奖，我知道这里的难度。当我说二等奖很棒时，妈妈表现得不以为然。

很明显，然然对分数看得很重，在学习上追求完美。如果达不到心中的目标，就表现出沮丧和悲观。这样的表现应该是与家长对他的期望值过高有关。

妈妈爸爸在家中总是习惯替然然安排好一切，包括学习和娱乐。虽然都有很好的理由和计划，但效果却并不好。而且因为很少考虑然然的感受和需求，从而压抑了然然的需求，也增强了他对家长的无条件遵从与依赖感。

妈妈期望高，导致孩子追求完美，从自制力的角度来看，然然属于过分自制，自我约束过强，压力大，因而缺少弹性，在"听话"的束缚下，不得已违背自己的意愿行事。然然的心理状态是灰暗的、消极的，他总是能看到事情的消极面，因而失去生活的乐趣和积极解决问题的动力。

然然是一个听话的好孩子，但他的听话与顺从却是在家长长期高标准严要求的环境中养成的，与其年龄和天性并不相符；同样，然然是一个很懂事的孩子，但他的懂事主要表现在对自己的苛刻要求上，追求完美，对失败和挫折则无所适从，甚至会用极端的方式来对待。

还有一点很重要，由于家长给孩子造成的压力，已经使然然开始以不表态和不发言来逃避自己与家长以及别人的矛盾，而且影响到他正常情绪的发泄。长此以往，显然会阻碍心理的正常发展。

听话的孩子压力大

要改善然然的心理状态，第一，妈妈要把自己对孩子的期望转化为目标，再分成小目标，一步一步实现，这样，妈妈和然然都会更多体验成功和成就感，然然的自信心由此增强。第二，妈妈要给然然松绑，对然然的控制减少，给然然更宽松的成长环境，让然然的天性得到释放，允许然然为自己的事情做主，允许然然偶尔出现错误，并有机会改正。第三，妈妈要停止对然然的批评，更多看到他的努力，并用语言、行为等及时表达出来，让孩子重新看到自己的优点，帮助他重新定位，找到自信，比如妈妈每天肯定孩子一件事，其他的不尽如人意的事情先放一放，相信孩子形成自信后能够克服成长的障碍。第四，当然然伤心、难过的时候，妈妈要学会积极倾听，让孩子的情绪得到疏解，减压放松，情绪平稳后，帮助孩子寻找解决问题的方法，并鼓励然然实施。第五，妈妈需要耐心等待然然的变化！

2 厌学的幼儿园大班孩子

姓名：媛媛

性别：女

年龄：5岁半

学龄：幼儿园大班

简介：5岁半女孩媛媛经常因为学习、弹琴而挨打，小小年纪，还没有上学，就已经厌学了。妈妈说其实我也不想打她，可是弹钢琴的时候，她总是别别扭扭的，手形老是不对，让她重弹，她就不高兴，还发脾气，不打怎么办？

妈妈的叙述与疑问

昨天晚上媛媛又挨打了，其实我也不想打她，可是弹钢琴的时候，她总是别别扭扭的，手形老是不对，让她重弹，她就不高兴，还发脾气，真没办法。

自从媛媛上大班后，我和媛媛经常发生冲突，有一次，媛媛还问我："妈妈，你老是发脾气、还打我，你不爱我了吧？"

媛媛畏难情绪特别严重、注意力不集中、学习效率低、坚持性低、不自信、爱哭、爱发脾气等，我和爸爸都特别着急，9月份媛媛就要上小学了，可是一点也不爱学习，甚至有点厌学，怎么办啊！

我们为孩子投入得特别多，从孩子一生下来，我就带她到北京著名的早教中心训练，每周一次，一直到2岁。每次训练后都要测试，结果

豆豆妈妈印象及评价

媛媛是个5岁半的小女孩，还在上幼儿园大班，媛媛没有来，爸爸和妈妈一起来的，看起来愁容满面的样子，一定是对孩子的问题困惑不已。

果然，妈妈一连串说出媛媛的许多问题，眼里满是担心、焦虑。

看得出来，妈妈对孩子充满了期待，过高的标准其实对孩子和父

都说孩子特别聪明，智商很高，可是为什么学习不如别人呢？

老师们（拼音、奥数、钢琴、芭蕾舞）都说媛媛上课时特别不专心，总是东张西望的，一节课下来，别的小朋友会10个字，她只会两三个，而且还不会写，学习效率特别低。我就在家里教她识字、学习拼音，为此，我都辞职了，全职在家。可是效果不好，刚教完的字，一会儿就忘了。有时候我急了，就会对她发脾气，说她笨。当她哭着说"妈妈，我学不会"时，我又特别难过，孩子也挺可怜的。

数学老师也抱怨媛媛上课注意力不集中，走神，发愣，做小动作，叫她起来回答问题，一脸的茫然，一问三不知。这样下去，媛媛不就完了吗？她怎么上学啊？她智力是不是有什么问题啊？

媛媛注意力不集中还表现在幼儿园的课堂上。媛媛常常为了帮助小孩子完成任务，忽视了自己应该做的事情。我也不是反对她帮助别人，献爱心，但总要完成自己的任务再帮助人吧。我和她说了很多次，就是没有用。

她上的是蒙特梭利混龄班，在班里她是大孩子，还有很多小孩子，老师经常让大孩子给小孩子喂饭、穿衣等。媛媛特别爱帮助小孩子，乐此不疲。老师也经常表扬媛媛乐于助人，照顾小孩子很耐心，也很有方法，小孩子也都非常喜欢她。所以媛媛总是和比她小的孩子玩，从来不和比她大的孩子玩。这也是我担心的，媛媛是8月的生日，以后上学了在班里就是小的，我很担心她将来和同学的关系。

母都是一种难以承受的压力。

从妈妈的描述中，我总结了孩子目前的课后班：

· 周一和周四，私教英语

· 周三下午，钢琴课

· 周五下午，国画课

· 周六，奥数、拼音、芭蕾舞

此外，媛媛每天练习钢琴1小时

对于一个不到6岁的孩子，感觉课程太多了。

妈妈眼含热泪，爸爸也黯然神伤。

媛媛在助人的过程中不仅得到小朋友的喜欢，而且得到老师的鼓励，这种被肯定和注意对媛媛来说是一种成功的体验，也是媛媛坚持助人的动力。

只有国画课老师反映孩子注意力集中、学习努力、很自信，媛媛也特别爱上国画课，没事就在家里画画。我们还把媛媛的画装在镜框中，挂在墙上欣赏。我也没管她，她却画得挺好的，真奇怪。

老师的肯定和妈妈的欣赏使得媛媛在画画时得到肯定的关注，获得愉快的体验。

豆豆妈妈诊断

媛媛妈妈唯恐孩子"输在起跑线上"，因此从媛媛一出生就开始各种各样的训练。从妈妈的描述中，可以看出妈妈对媛媛的期望和标准很高，对于一个不到6岁还没有上学的孩子，媛媛的课程任务太多、太难。尤其是奥数课，6岁以前的孩子思维发展还不完善，对于抽象的数字难以理解。过早学习奥数，别人一遍可以学会的，媛媛可能要五六遍，甚至七八遍也学不会。在这个过程中，老师和父母也会着急，甚至生气、发脾气，媛媛感受到的是批评、责难，体验的是挫败感。媛媛学习拼音、钢琴、芭蕾舞等也有类似情况，父母的高标准、严要求、吹毛求疵等，让媛媛在学习的过程中更多感受挫败、否定。久而久之，媛媛就会认为自己很笨，没有自信心，并丧失了进取的动力。因此，媛媛对这些课程的学习没有兴趣，会出现注意力分散、学习效率低、厌学等现象。

相反，媛媛在国画课堂的表现很好，注意力集中、自信心高、学习情趣浓厚。原因是妈妈没有"管"她，任其发展，也就是妈妈对媛媛画画的要求不高，并且把媛媛的画挂起来欣赏，客观上让媛媛在画画的过程中感受到的是肯定、欣赏、被关注，体验的是成就感和自信心，因此对画画产生浓厚的兴趣，并愿意为此努力、积极进取，进入了一个良性循环的轨道。

媛媛在幼儿园乐于帮助小朋友也验证了以上的分析。媛媛是一个特别希望被肯定、被欣赏的孩子，帮助小孩子可以得到老师的赞赏和小朋友的喜欢，媛媛受到鼓励因而乐此不疲。

过早学习危害大

针对媛媛的心理特点和思维发展水平，建议妈妈首先要重新考虑媛媛所学的课程，适当调整，比如奥数、拼音等课程，应当在媛媛升入小学后再学习。家长当然要做一些入学的准备，应当在孩子行为习惯和学习兴趣方面努力。一般来说孩子3~6岁是成就感和上进心形成的关键期，如果家长不考虑孩子的心理发展水平，仅仅为了"不让孩子输在起跑线上"，擅自让孩子过早学习或者学习方法不得当，不仅孩子没有学到相应的知识，而且过多的挫败感和父母的否定评价导致孩子丧失成就感和进取心，对学习失去兴趣。换言之，这也是许多孩子还没有上学就厌学的原因。

其次，因为媛媛是一个需要更多关注的孩子，建议妈妈吸取媛媛画画的经验，在媛媛其他课程的学习上，多多鼓励媛媛，给予媛媛肯定、欣赏，尤其要用具体的语言、行为来表达（就像把媛媛的画挂到墙上一样），让媛媛在这些课程的学习中体验成就感，产生上进心。用这样的方式方法引起媛媛对课程的学习兴趣，培养孩子的专注力。当媛媛自愿、多次重复这种自动自发的行为时，自然形成良好的学习习惯：专注、高效。

最后，建议妈妈把自己对媛媛的高标准分阶段、分步骤完成，设定一个个的小目标，让媛媛稍加努力即可达到，媛媛体验到了成就感，自然能建立自信心。

总之，设定小目标→媛媛容易达到→妈妈鼓励肯定→媛媛体验成就感→培养媛媛学习兴趣→培养媛媛专注力→注意力集中、学习效率高→积极进取、高自信。

3 妈妈脸上的晴雨表

姓名：月月

性别：女

年龄：6岁

学龄：一年级

简介：看着她扭来扭去的样子，我终于忍无可忍，大吼一声："还学不学了！自己做吧！"啪，我把书一扔，生气地站起来。"妈妈，别走！"月月大喊，"你还没给我签字呢，老师该批评我了。""你不做完，我不签字！"我也非常生气。"你是坏妈妈，我不喜欢你！"月月挑衅般看着我。原来这个6岁一年级女孩，写作业磨蹭，花样百出，是要和妹妹争宠，吸引妈妈的注意。

妈妈的叙述与疑问

"出门看天，进门看脸；天阴打伞，脸阴闭嘴。"未见其人，先闻其声，女儿回来了。看到我，像快乐的小鸟扑过来。

"妈妈，看我的画！老师都夸我了！"、"是吗，挺好的。"我心不在焉地看了一眼，转头继续忙我的事（我正在给妹妹喂饭呢）。

"妈妈，你根本没看见！"女儿一边跺着脚，一边生气地说。

"我看见了，没看我正忙着呢。你先写作业，我一会儿再仔细看。"我有点不耐烦了。女儿噘着嘴跑开了。

等我喂完妹妹，却见月月正在发呆呢，书包都没有打开，我的火"腾"一下直冲脑门。"我

豆豆妈妈印象及评价

妈妈的愁眉不展和这个快乐活泼的小女孩儿形成鲜明的对照。

月月好的行为被忽视了，行为目的没有得到满足。

妈妈的敷衍态度，女儿一目了然。孩子是感性的，他们是最好的观察家和模仿者。我们

不是让你先写作业吗？"我没好气地冲月月嚷了一句。

"我不会！"月月理直气壮地说。

"不会你问我呀！"我也生气了，"不会还这么有理，上课都干什么了！肯定没认真听讲。赶紧写作业！"

你急她不急，看着她慢腾腾地打开书包，再一样一样地拿出铅笔盒、书本，我那个急啊！

"快点！快点！"我一边催着，一边帮她翻开书本。"不是这样的！"月月推开我的手，非常不耐烦，好像我欠她似的。"哪个不会？"我耐住性子，强压怒火。

我开始给月月讲解。她也不好好听，东张西望、动来动去，一会儿玩玩笔，一会儿弄弄头发，一会儿小便、一会儿喝水，我不时提醒她"认真点"、"别动了"。

看着她扭来扭去的样子，我终于忍无可忍，大吼一声："还学不学了！自己做吧！"啪，我把书一扔，生气地站起来。"妈妈，别走！"月月大喊，"你还没给我签字呢，老师该批评我了。"

"你不做完，我不签字！"我也非常生气。

"你是坏妈妈，我不喜欢你！"月月挑衅般看着我。

"我也不喜欢你！真没有礼貌，下次不许这样跟我说话。"我也回敬道。

"那你喜欢谁？"月月诧异地问。

"我喜欢妹妹。"我看也不看她。

没想到月月躺到地上，大哭大闹起来，我让她起来，她反而闹得更欢了，在地板上扭来扭

给予孩子什么态度，他们也会全盘还给我们。

女儿知道"不写作业"，妈妈一定会生气，这就是女儿给妈妈准备的"圈套"，妈妈每次都逃不掉，因为妈妈根本就没有意识到这是陷阱。

妈妈着急了、生气了，女儿控制了妈妈的情绪，妈妈中招了却不自知。

妈妈走了可不行！月月搬出老师来了！

一招不灵，再换一招。

妈妈像个小孩子一样和月月斗起嘴来了。

最后一招"哭闹"，发泄一下吧。

妈妈打人了，月月

去，尖叫着："妈妈不喜欢我！我讨厌妹妹！"

我拧了她一下，厉声呵斥："赶紧起来！像什么样子！闭嘴！不许哭！"月月看我真的气急了，吓得坐起来，哭成了泪人一样。

"赶紧写作业！不写完，我不签字。"我命令道。

看着月月坐在书桌前写作业的背影，还有不时抽泣颤动的小肩膀，耳边响起了月月稚嫩的声音，"出门看天，进门看脸；天阴打伞，脸阴闭嘴"。

我感到挫败极了，懊丧、悔恨、困扰……我该怎么办？

没招了，妥协吧。

月月输了，妈妈也输了，双输啊！

豆豆妈妈诊断

从女儿的顺口溜中，我们可以看出妈妈经常生气、发脾气，妈妈的脸就像天气一样，阴晴不定；女儿很在意妈妈的情绪，希望讨得妈妈的欢心。从孩子的行为目的来看，月月希望妈妈肯定自己，关注自己；但是，由于小妹妹太小，需要妈妈更多的照顾，以至于妈妈太忙了，无暇顾及这个上小学的女儿。

我们知道，孩子成长的动力是归属感（一席之地），包括被父母肯定和对家庭有所贡献。孩子说的话、做的事情都是有行为目的的，都是为了获得归属感。凡是能够被关注到的行为就会被保留下来，包括被肯定和被批评的行为；凡是被忽视的行为，就会被淘汰。

月月放学回家，兴高采烈的，本以为画了很棒的画会让妈妈高兴（被肯定），哪知妈妈只是敷衍了一下（被忽视），月月无法理解妈妈忙于妹妹的事情，也无法忍受妈妈被妹妹独占而忽视自己！她开始用不好的行为来得到妈妈的关注（提醒、警告、批评、生气等），比如拖延写作业、慢腾腾、东张西望等。

这些行为虽然不能得到妈妈的肯定，退而求其次，被批评也比被忽视要好得多。此时此刻，月月成功地得到妈妈的关注（妈妈和自己在一起，忽视了妹妹）。进而，月月很"享受"和妈妈一起学习的时光，根据以往的经验，如果自己独立地好好学习（好行为），妈妈一定会去照顾妹妹或者做家务（妈妈好像有做不完的事情啊，自己就会被忽视了），月月误认为只要自己不断磨蹭，妈妈就会待在这里，即使妈妈生气了也是和自己在一起啊，总比孤独得像影子一样好得多。

　　这样看来，妈妈的提醒、批评、生气等恰恰满足了月月归属感的行为目的，这些不好的行为就保留下来了。

妈妈的肯定是孩子成长的原动力

　　月月和妈妈的冲突关键在于月月希望"得到"妈妈的关注，而好的行为总是被忽视，不好的行为却百分百得到关注。月月主导了母女关系，千方百计地制造各种事端，目的只为"得到"妈妈的注意。

　　如果妈妈对于月月的好行为主动"给予"关注，满足月月的归属感，对月月的不好行为主动"忽视"，情况将会大不一样。比如，月月放学回家高兴地给妈妈看画，妈妈确实很忙，就可以用欣赏的态度说："月月，真是了不起！妈妈先给妹妹喂完饭，20分钟后来欣赏宝贝女儿的杰作！你先写作业，有不懂的问题先记下来，好不好？"

　　妈妈肯定了女儿的成绩，并郑重其事地和女儿约好时间，月月感受到妈妈的重视和尊重，满足了归属感。有了好的感受的月月一定很合作，一定会主动完成作业，以获得妈妈更多的关注。20分钟后（妈妈要遵守时间，如果因故不能如约，要提前和女儿协商，征得女儿的谅解和同意），妈妈要履行诺言，和女儿一起欣赏她的画，询问女儿她是如何构思的，如何涂色的，老师是怎么说的，她的感受如何，等等。妈妈的态度一定是欣赏、肯定、用心，不可三心二意，不可急功近利地认为这是耽误时间。因为母女快乐的沟通不仅满足了孩子的归属感，而且增加彼此的信任，孩子更愿意合作；同时，她的许多想法和妈妈沟通后，就不会再有了，她写作业的时候会心无旁骛，更专注，效率更高。

　　这就是"舍得"，"舍"了时间沟通、关注，"得"了合作、信任、专注。

4 功课全部不及格怎么办

姓名：峰峰

性别：男

年龄：6岁

学龄：一年级

简介：6岁一年级男孩，开学2个月，孩子期中考试竟然3门课都不及格！老师们也曾经给我打电话，反映孩子的情况，主要是上课注意力不集中，不爱回答问题，英语不跟着老师读等。数学是掰手指，没有建立抽象思维，我早有心理准备，但是英语和语文也是如此，我是彻底崩溃了。

妈妈的叙述与疑问

我是一个几近崩溃的妈妈，虽然做好了最坏的打算，可能是班级的最后一名，可能会留级，但是却没有想到成绩这样差。

语文：老师陪在旁边，一半没有答，无成绩，老师问，为何不答，回答是"不会"，老师虽然很失望，但是并没有斥责他。我回家带他重新做，发现汉语拼音几乎没有掌握，b、d、p、q这4个总是混，zh、ch、sh读不出来，会背的课文，填空写不出来，其实这些字都是学过的，组词一个没答，回家自己能想几个，但很多字不会写。

数学："答的部分得了32分，其他时间在玩"，这是老师在卷子上的留言。我带他做的时候发现，他是识字不多，题意理解不了，还有就是不理解加法和减法的含义，比如谁比谁多，谁

豆豆妈妈印象及评价

妈妈眼睛红红的，一看就是刚刚哭过。我耐心听她述说。

妈妈看起来非常用心、非常投入，达到极致！我感叹母爱的伟大。

比谁少，他全都弄成加法问题了。还有就是（　）
+ 2 = 10、（　）– 3 = 6这类的题目还反应不过
来。根本原因还是理解题意不够，稍微换个方式
又开始糊涂了。最终的问题还是理解能力差。

　　我儿子是6岁半上学，不算大，不算小，但
是心智却比同龄孩子发育要晚。现在回忆起来，
好像走路、说话等都要晚一些。

　　3岁整开始上幼儿园，前后是3家幼儿园，
前两家是一级一类的公立园，后面的　家是私立
园，时间也最长，2年，蒙台梭利、奥尔夫音乐
还有英语教学，是我寄予希望最大的幼儿园，但
是结果并没有显现出来。

　　妈妈极尽所能地给
予孩子一切，并对孩子
期望很高。

　　最让我伤心欲绝的就是英语考试，他竟然
连What's your name? How old are you? How are
you? 这些最简单的对话都不会，我气疯了，眼
睛哭得像桃子一样。

　　这就是我的儿子上学2个月给我的成绩。这2
个月，老师们也曾经给我打电话，反映孩子的情
况，主要是上课注意力不集中，不爱回答问题，
英语不跟着老师读等。数学是掰手指，没有建立
抽象思维，我早有心理准备，但是英语和语文也
是如此，我是彻底崩溃了。

　　孩子没有达到妈
妈的期望，妈妈生
气、伤心。

　　孩子的表现一再打
破妈妈的承受底线，直
至崩溃。

　　回忆自己的养育方式，孩子从来没有离开
过父母，我们工作虽然也很辛苦，但是出差和加
班还不算多，都是自己带大的，而且也没有选择
全托的幼儿园。母乳喂养1年，陪孩子睡觉到现
在，孩子的安全感比较好，与人交往能力很强，
刚开学就和好几个同学成为好朋友。

　　妈妈对儿童心理学
很有研究，真是用心良
苦啊。

　　孩子的数学经历是这样的：5岁才建立起
一一对应关系，在此之前，无论数到多少都回答

为3，手口一致点数比其他孩子慢很多。刚才提到的考试是10以内加减法，很多孩子都是优，他和他们的差距实在太大了。

这2个月，我的心情如同过山车一样，惊喜过，绝望过，但主要还是担忧。鼓励也用过，打也打过，都没有效果。

儿子曾经问过我，"妈妈你相信我吗？"我听了心里特别不是滋味，看来孩子还是知道我们对他的学习很担心了，还有就是儿子也曾经说过，妈妈我是一个笨孩子，或许也是他自己感觉到了周围的压力。后来我就告诉他，他是那只盖砖房子的小猪，虽然比别人慢，但是比别人结实，后来他认同了这个观点，渐渐有了信心。

但是如果遇到难题，回答得不好，还是会耍赖，会闹脾气。我也知道建立孩子的自信很重要，但是如果反馈回来的情况总是这样负面，父母的自信又从何而来呢？我也知道孩子的失败就是父母的失败，我也认为自己是个失败的妈妈，但是父母不是完美无缺的，我们能够提供的也只是一个外部环境啊，孩子自身不努力或者我就该认命吧，孩子就是这样了？！任何事情都是内因外因都存在的，我们也知道无法改变孩子的成长表，但是父母改变就很容易吗？环境改变就很容易吗？做父母也很难，压力大啊！

我从来没有如此沮丧过，从来没有这样失败的感觉，自己工作中、学习中的困难都好像容易解决，但是孩子的问题似乎真是很难改变。我一再地等待着，等待着，但是结果一再地告诉我，要面对现实。也许他到哪天就开窍了，但是这中间的自信也许就此消磨光了。

孩子给自己贴了一个标签"笨孩子"，他所有的行为都配合了这个标签，看来换"标签"是关键。

妈妈心中的呐喊：父母改变就很容易吗？父母的自信又从何而来呢？是啊，改变自己尚且不容易，改变他人，尤其是孩子，更不容易。

在孩子的表现和妈妈的期望之间有一道"不可逾越"的鸿沟，妈妈目前看不到如何在两者之间搭起可行的桥梁，因此妈妈的情绪低落到极点。

早期教育到底是为了什么？我现在对自己的快乐教育理念感到特别怀疑，凡是在儒家文化圈子里的国家，日本、韩国、中国台湾、新加坡包括印度，无一不是学业压力大，孩子的负担重，我们照搬欧美似乎太超前了，要看大环境啊，欧美的社会保障体系已经如此完善，而亚洲国家贫富差距这么人，社会资源如此匮乏，竞争能不激烈吗？我们的计划生育政策又把这种焦虑发挥到了极致，我就这一个孩子，我无法接受我的孩子目前的状况！

这也是多数中国父母的呐喊！如何在现行教育体制下，在孩子的快乐成长和升学压力之间找到平衡点。

豆豆妈妈诊断

孩子的成长到底要"如期所是"还是"如其所是"？前一个是按照父母的期望成长，后一个是按照孩子自己的特质成长。也就是父母希望孩子成为自己的翻版和延续还是希望孩子成为有独立人格的人？峰峰妈妈自己的成长中一直是勇往直前的，对于自己的工作、学习从来都没有沮丧、失败的感觉，因此认为峰峰也应该是这样的，当发现自己付出许多（如上私立幼儿园），可是峰峰学习不如同龄孩子，甚至相差甚远，妈妈沮丧、生气、愤怒、自责，甚至崩溃而无计可施。

面对峰峰的成绩，妈妈每次看到的是峰峰没有学到什么，哪些地方做得不好，因而沮丧、生气，行为失控。妈妈极度的情绪不稳定更加重了峰峰的内疚、自责、不自信，没有进取的动力，甚至认为自己是"笨孩子"。根本原因在于峰峰妈妈不能接纳峰峰本来的样子，不允许峰峰"如其所是"，没有给峰峰成长的机会，也没有给自己有效帮助峰峰的机会。

"我无法接受我的孩子目前的状况"正是峰峰妈妈的心声，也是导致峰峰目前状态的根本原因。

接纳孩子的不足就是给予孩子进步的动力

首先，妈妈要接纳自己，接纳自己为孩子做出的一切努力，接纳自己无论付出什么，都源于爱，而不是有所图，妈妈爱峰峰，仅仅因为他是妈妈的孩子，没有任何附带条件，这种爱不因孩子学习好坏、表现如何而有所改变。妈妈的情绪控制是第一步要做的事情，如果妈妈有情绪（伤心、生气、沮丧），请先管理好自己的情绪，再和孩子沟通。只有这样，妈妈才能发挥自己的聪明才智，找到专门针对峰峰的教育方法。因为情绪会放大问题，扰乱思维，也会传染给孩子，导致彼此伤害，不利于问题的解决。

其次，建议妈妈接纳峰峰目前的状态，这是进步的起点。然后理清妈妈对峰峰的期望，在峰峰的现状和妈妈的期望之间连一条线，这就是峰峰成长的路线；把这条路线分成几个阶段，比如峰峰期中考试三门不及格，第一个阶段是峰峰11月考试一门课及格，第二个阶段是峰峰12月考试两门课及格，第三个阶段是峰峰期末考试3门课及格。在这个过程中，放大峰峰已经取得的成绩，关注峰峰学到了什么，并引导峰峰总结他是如何学到了这些知识和能力，弱化峰峰没有学会的知识。随着峰峰一个个小目标的达成，峰峰的自信心逐步建立，他会给自己贴新的标签"我是有能力的人，我可以解决自己的问题，我能行"。峰峰因此而有上进的力量和方法，这对峰峰是至关重要的。

注意：妈妈一定要根据峰峰的实际表现调整目标，关键在于让峰峰有成功的感觉，体验成就感。

5 我的冤家儿子

姓名：磊磊

性别：男

年龄：8岁

学龄：三年级

简介：磊磊磨蹭起来可是有一定水平的，他拿一块小橡皮扔着玩，就能玩上一个多小时。有时候还用铅笔把橡皮戳许多的小洞，看着像蜂窝，再揪成一个个小球，扔飞镖，弄得满地都是橡皮屑。要不就是要喝水，上厕所，还经常发愣。有一天，他愣是从6点一直写到了11点，5小时啊！我都快疯了，大喊："你一晚上都干了什么？！""我一直在写作业！"磊磊还顶嘴，我怒了，打了他一巴掌。唉，一看到他那磨磨蹭蹭的样子，我就烦透了。

妈妈的叙述与疑问

我的儿子8岁，聪明活泼，上三年级了，以前学习挺好的，但是最近学习成绩大退步。而且干事拖拖拉拉的，是个典型的慢性子，他穿衣服、吃饭、写作业，样样事都磨磨蹭蹭、拖拖拉拉。有时我催促他快点，他就像没听见一样。

我是一个做事干净利落，从不拖泥带水的人。儿子不仅没一点像我，而且，还像我的冤家似的。有的时候，他的一举一动简直让我急得忍无可忍。比如叫他的时候，他好像没听见似的，该干什么还干什么，有时我甚至怀疑他是不是听力有问题。当我大声多喊几次，他也懒洋洋地回应或慢吞吞蹭过来，好像电影里的慢动作。我经

豆豆妈妈印象及评价

磊磊好的行为很难获得父母的关注，试试磨蹭、拖拉的行为吧，妈妈真的中招了。

通常一个雷厉风行的妈妈都有一个磨蹭拖拉的孩子，这不是因果关系，而是相关关系。

常因为这个问题对他发脾气，给他讲道理，甚至大发雷霆。可他仍我自岿然不动，还是不紧不慢的，有时还顶嘴，我当时又烦，又生气。

我和我爱人工作都特别忙，经常不在家，磊磊写作业总是拖拖拉拉的，边玩边做，1小时的作业，通常要写3小时，一般情况写到10点才能写完。

磊磊磨蹭起来可是有一定水平的，他拿一块小橡皮扔着玩，就能玩上一个多小时。有时候还用铅笔把橡皮戳许多的小洞，看着像蜂窝，再揪成一个个小球，扔飞镖，弄得满地都是橡皮屑。要不就是要喝水，上厕所，还经常发愣。

有一天，我晚上10点多了才回到家，看他还在那里写作业。我看了看作业，其实留得一点都不多，一小时就能写完，可他愣是从6点一直写到了11点，5小时啊！我都快疯了，大喊："你一晚上都干了什么？！""我一直在写作业！"磊磊还顶嘴，我怒了，打了他一巴掌。唉，一看到他那磨磨蹭蹭的样子，我就烦透了。

最近，老师说磊磊上课的时候眼睛不是黯然无神，就是盯着窗外或者周围其他的同学，要不就是手里不停地摆弄着铅笔、尺子、书包带等物品。若是教室外发生了什么事情，有了什么声音，磊磊一定是全班第一个被吸引过去的。他回答问题时，常常是"一问三不知"。不用说，他的考试成绩在班里只能排个中下等。

我骂过他，也打过他，可是没有任何效果，这都三年级了，学习成绩越来越差，我都快急死了。该怎么办啊？

父母认为孩子按时完成作业是应该的，通常是忽视这样的好行为；而当孩子磨蹭的时候，父母眼里容不得沙子，立即指出来，恰恰满足了孩子的行为目的，不当行为保留下来。

磊磊的行为目的升级了：争取权利。

如果父母总是盯住孩子的磨蹭行为，必然生气，对孩子发脾气，指责他，造成孩子情绪低落，对学习没有兴趣和动力，成绩当然受到影响。

豆豆妈妈诊断

孩子的行为背后都有一定的目的，凡是能够满足他的行为目的的行为就会保留下来，凡是没有满足行为目的的行为就会被淘汰。通常12岁之前的孩子有四种行为目的：吸引注意、争取权利、报复、自暴自弃。

父母可以根据自己的反应判断孩子不良行为的目的，并根据孩子不同的行为目的，采取有效的反应来帮助孩子矫正不良的行为。当父母感到厌烦和觉得受到骚扰时，孩子的行为目的是获得注意；当父母感到生气、愤怒、没面子、下不来台时，孩子是在争取权利；如果父母感到受到伤害，孩子的行为目的是报复；当父母感到失望、想放弃时，孩子的行为目的是自暴自弃。

孩子为了达到这些行为目的，首先会采用建设性的行为，如表现优异、成就感、学习优秀、体育好、乖巧可爱等；如果不能成功达到行为目的，则采用破坏性的行为来达到目的，如骚扰、懒惰、磨蹭、反叛、固执、抗拒、不当行为、无助等，以此来引起父母的关注。被批评、被责罚等总比被忽视要好得多。所以当孩子得不到足够的赞赏时，他会认为是一种忽视，反而尝试骚扰等行为，必然获得关注。

磊磊的父母工作很忙，磊磊学习很好，基本不用父母操心，当他表现良好时，父母认为是正常的，没有给予足够的注意。当他玩橡皮、写作业磨蹭的时候，父母会不断地催促他，教训他，甚至坐在他的身边陪伴他、监督他，使他获得了注意，达到了行为目的，这种行为就会保留下来。

磊磊的磨蹭拖拉行为，开始时也同样是想吸引父母的注意，但随着冲突的升级，妈妈生气了，开始教训、斥责甚至打骂孩子，可孩子不仅不听话，还顶嘴反抗，孩子的行为目的也从吸引注意升级为争取权利。当父母生气时，孩子已经赢得了这场战争，因为一个孩子使高大成熟的父母生气而失去理智。

孩子用磨蹭来吸引父母的注意

对于孩子的种种不当行为，父母习惯的传统处理模式，恰恰导致孩子偏差行为的形成。父母首先应改变或停止传统的处理模式：提醒、安抚甚至生气、威胁、恐吓，因为这只能暂时停止孩子的不良行为；然后，在没有危险的情境下，忽视孩子的不良行为，父母应将注意力放在孩子建设性的行为上，鼓励、关注、肯定孩子的良好表现，关键在于"给予注意"而非"获得注意"，以孩子意料之外的方式来回应。

根据以上分析，父母应该在磊磊表现良好时给予关注，例如，妈妈可以肯定磊磊独自完成作业的优点，并且夸大这个优点，问孩子："你能独立完成作业，一定很高兴吧，妈妈也为你骄傲呢。你是怎么做到的？"忽视他玩橡皮等磨蹭行为，同时引导孩子合理利用时间，学会时间管理。这些不良行为因得不到注意而慢慢消失。注意：警告、处罚、给奖赏、哄骗、服务都是给予孩子不适当的注意。

面对争取权利的孩子，妈妈首先应该从冲突中退出，转移注意力，把问题抛给孩子，因为孩子天生就具有创造性的思考能力，并以"引起孩子帮忙和积极参与合作"的方式来协助孩子明白建设性地使用权利的方法。注意：战争或退步只能更增加孩子的权利欲。例如，"看到你这么晚了还在写作业，妈妈很担心你睡眠不足影响身体健康，而且你也没有时间玩了。你能不能想一个办法，写完作业后，既有时间玩，还能早点睡觉？"

父母的接纳和孩子的参与感能够充分满足孩子的归属和有一席之地的需要，从而发展出良好的行为，进而形成良好的生活习惯，形成健康的性格。

🌿 **6　怎样在10点前写完作业**

> 姓名：齐齐
>
> 性别：男
>
> 年龄：10岁
>
> 学龄：四年级
>
> 简介：齐齐写作业总是动来动去，一会儿削铅笔，一会儿摆弄钢笔，一会儿又去喝水，一会儿小便……我看在眼里，急在心里。看到他又站起来时，终于我的情绪爆发了！"你玩牌、看电视的时候怎么没这么多毛病？一学习、写作业就浑身不舒服，喝水、上厕所，成心的吧，这么半天，你都干什么了？……"我把积压已久的怒气、怨恨一股脑地发出来，机关枪似的扫向儿子，其结果是儿子没有完成作业，第二天不敢去上学。

妈妈的叙述与疑问

齐齐今天没去上学，因为他没有写完作业，不敢上学，怕老师批评。我很困惑，我做错了吗？昨天晚饭后，齐齐放下筷子就拿起"库罗牌"玩起来。半小时过去了，奶奶提醒他该写作业了，他还是埋头苦玩，不亦乐乎。我也催促了几次，他才恋恋不舍地收起了卡片，却鬼使神差地看起了电视。

我的气不打一处来，"再不写就完不成了，咱们约好的，10点收拾书包，写不完也不能写了。"我再次重申和齐齐的约定，这是为了应对他的磨蹭而想出的办法，齐齐多数时候都能在10点之前写完作业，偶尔10点半写完，我也睁一只眼闭一只眼，让他写完作业。

豆豆妈妈印象及评价

齐齐没有完成作业，因而不敢上学，害怕老师批评，这说明齐齐知道学习是自己的事情。

如果妈妈能平静地重申和齐齐的约定，效果更好。

"知道了！"齐齐拉着长声答应一句，慢吞吞坐到书桌前，不胜其烦、满脸不屑的样子，真让人受不了。

我也很生气，但看看表，已经8点了，还是让齐齐抓紧时间写作业吧，我什么也没说，坐在旁边看着他。齐齐好像故意与我作对，动来动去，一会儿削铅笔，一会儿摆弄钢笔，一会儿又去喝水，一会儿小便……我看在眼里，急在心里。

9点半了，他又站起来，"坐下！"我终于忍不住怒喝道。"怎么了！"齐齐吓了一跳，不仅没坐下，还跺了跺脚，抻了一下裤腿，抖动双腿和双脚，"我裤子不舒服，活动一下。"还对着我做了一个鬼脸。

"你玩牌、看电视的时候怎么没这么多毛病？一学习、写作业就浑身不舒服，喝水、上厕所，成心的吧，这么半天，你都干什么了？……"我把积压已久的怒气、怨恨一股脑地发出来，机关枪似的扫向儿子。

就这样说着、吵着、闹着，不知不觉到了10点，"到点了，该睡觉了！赶紧收拾书包，别写了！"我意犹未尽地下达了命令。

"不行，我还没写完呢，明天老师该批评我了。"儿子小声嘟囔着。

"10点了，咱们说好的不能再写了。"我坚持着，当然是带着情绪的。

"可是上周你就让我写到10点半呢，而且今天是你耽误的时间。"儿子大声抗议，据理力争。这小子，还挺有理！

"说好的，10点不能写了。"我合上他的书

齐齐用不耐烦回应了妈妈的生气，典型的"以其人之道还治其人之身"。

妈妈承担了齐齐的责任，因此生气，但是没有用啊，只能忍着，毕竟写作业是齐齐的事情。

孩子的花样层出不穷，妈妈又中招了！

妈妈生气了，齐齐争取权利的行为目的达到了！

妈妈像个孩子一样的和齐齐争吵，不知不觉半小时过去了，这是谁耽误的时间啊？

为什么妈妈高兴的时候可以延迟到10点半，不高兴的时候就必须10点呢？约定是妈妈

本，就往书包里装。

"不行，你别动！我要写！"儿子大哭起来，两只手紧紧按住作业本。

争执了一会儿，最后还是我胜利了，儿子无可奈何收拾书包，洗漱上床了。

不知为什么，我的心空落落的……

第二天，我6点半叫儿子起床，半天不见动静，过去一看，儿子在流眼泪。

"怎么了？不舒服？"我关切地问，摸摸儿子的前额，不发烧啊。

"我不想上学了，作业没写完，老师肯定批评我。"儿子沮丧地嘟囔了一句，转过头不让我看见他的眼泪。

"谁让你昨天磨磨蹭蹭的，害怕了吧？"我幸灾乐祸的样子更让儿子伤心。

"是你不让我写的。"他哭得更厉害了。

"好了，好了，我跟老师说说。"我好言相劝。

"我今天不上学了。"儿子的拗劲上来了，我知道再说什么也没用了。

唉……

和齐齐共同制定的，为什么由妈妈一个人说了算呢？

妈妈真的胜利了吗？为什么胜利者没有喜悦之情呢？

齐齐知道"写作业"是自己的事情，妈妈却不让他独立承担这个责任，产生了矛盾。

幸灾乐祸不是解决问题的态度。

齐齐不明白为什么妈妈不让他写作业，完不成作业的是自己，承担批评的也是自己，齐齐感到很委屈。

豆豆妈妈诊断

齐齐和妈妈都没有错，只是他们遇到了一个难以解决的问题：妈妈希望齐齐饭后立即写作业，齐齐需要放松一下，再写作业。在父母和孩子之间，"写作业"是孩子的问题，应该由孩子负责任，即是否写、什么时候写、如何写、写得如何等，应该由孩子决定。孩子完成得如何，应该由老师评判，孩子要接受自然的行为结果：完成得好，老师表扬；完成得不好，老师批评。本例中齐齐没有完成作业，害怕老师批评而不敢上学，说明可以用"自然行为结果"的方式解决问题。当然也有例外，对于不害怕老师批评的学生，另当别论。

齐齐妈妈混淆了问题所有权，把应该由齐齐负责任的"写作业"当成了自己的任务，试图控制齐齐何时写作业、如何写作业等，因而引发了齐齐的反控制（逆反行为）：懒散、喝水、小便、各种小动作，总之"我的行为我做主，看你能把我怎么样"，妈妈只能忍耐，再忍耐，直至大发雷霆，发泄所有的不满，用所谓的"约定"惩罚儿子，阻止儿子完成作业，实则是用父母的权威控制儿子。

当妈妈生气、发脾气的时候，妈妈和齐齐所面对的问题发生了转移，不再是"写作业"，而是权利争夺战（齐齐争取权利的行为目的出现），妈妈的权威受到挑战，最终以妈妈"胜利"、齐齐"失败"结束。

表面看妈妈赢了（妈妈控制了齐齐），实际上妈妈和齐齐都输了（激起齐齐更强烈的反抗和连锁反应：伤心、执拗、不上学）。

另外，孩子的天性是游戏，是玩耍，可是现在的孩子功课很多，除了学校的学习、作业外，还有各种课外班以及相应的作业。家长认为孩子就知道玩，不主动学习，所以一再提醒、催促；孩子认为自己没有时间玩，总是玩不够。孩子也知道自己要完成学习任务才能玩，但是这需要孩子对自己的天性有所控制，即自制力的培养。

=== **称职家长应该把学习的权利还给孩子** ===

面对齐齐的"写作业磨蹭"，妈妈首先要分清问题的所有权，写作业是孩子的问题，应该由齐齐负责任，妈妈的作用在于帮助齐齐达成目标，而不是替代齐齐完成任务。这样的态度有助于妈妈和齐齐结成联盟，共同解决问题，不会发生你赢我输的"权利争夺战"。

然后，妈妈和齐齐都要明确具体的问题是什么：妈妈希望齐齐先写作业再玩，齐齐希望先玩、放松一下再写作业，齐齐知道作业要按时完成。写作业是齐齐的事情，建议妈妈尊重齐齐的决定：先玩再写作业。因为齐齐在成长中，自制力也在发展中，妈妈的作用在于帮助齐齐培养自制力。比如，齐齐晚饭后玩牌时，妈妈平静地问："齐齐，你计划玩多长时间？准备什么时候开始写作业呢？"通常孩子会说10~30分钟，这时候，提醒齐齐定时（定时器或者闹钟）。

剩下的时间就由齐齐安排了，等到闹钟响了，齐齐自然会去写作业；如果齐齐没有按时开始写作业，妈妈提醒齐齐约定的睡觉时间，告诉孩子10点要关灯睡觉，因为晚睡觉影响睡眠，这是妈妈应该负责任的；千万不要催促齐齐写作业，也不要陪孩子写作业，因为这是齐齐自己的事情，他要学会独立面对。

如果齐齐在10点没有写完作业，妈妈可以提出两个选择：一是继续写，但是第二天要先写作业，再玩；二是停止写作业，立即睡觉，第二天还可以先玩，再写作业（这个选择的前提是孩子不完成作业，害怕老师批评，齐齐就是这样的）。齐齐一定会选择第一个，那么第二天就要遵守自己的选择。孩子对于自己的承诺通常都会遵守的，玩和作业的矛盾迎刃而解。

第二天，如果齐齐不遵守承诺，怎么办？妈妈如果认为孩子出尔反尔，说话不算话，明知故犯，可能会很生气，又会重复上面的故事；如果妈妈换一种想法，即孩子在成长中，自制力没有那么强，玩的吸引力很大啊，"知行不合一"在所难免，妈妈就不会那么生气，反而会想出应对的解决办法，比如"齐齐，你昨天答应了要先写作业，再玩；现在却先玩起来了，今天10点准时关灯睡觉。"注意：态度平静，语气坚定，千万不要生气；否则，前功尽弃。

用这样少说多做、让孩子体验行为结果的方法，不仅帮助孩子学会时间管理，而且提高自制力，培养孩子为学习负责任的态度——孩子主动学习不是梦。

7 写不完的作业，发不完的火

妈妈的叙述与疑问

飞飞作业老是写不完，特别磨蹭，还老走神，不知道在想什么呢。你要是问他，他就说没想什么。每天都做到9点多，根本没有时间玩。有时候，12点都做不完。我和爸爸都特别着急，打也打了，骂也骂了，就是没有用。

我仔细阅读了《豆豆妈妈的成长》，其中关于时间表的部分我都快背下来了，但还是不能解决问题。比如今天吧，他一开始做作业，就把门一关，说怕我们影响他。可每当我进去给他送水等，就发现他其实什么都没做（注：妈妈的意思是飞飞没有写作业，而是在玩呢），还特别不高兴我进去。

我也和他聊过这件事，他自己也说和别的孩子不一样。别人是做完作业再玩（注：别人也是边玩边做的），他是想玩就玩，边玩边做。也就

豆豆妈妈印象及评价

"走神"说明飞飞遇到了难以解决的问题，父母并不了解飞飞，简单粗暴的方法无济于事。

飞飞的问题不是时间管理，所以时间表不是解决办法。妈妈只是监视飞飞，只关注到作业是否完成，而忽视了主体，忽视了飞飞的内心需求。

妈妈已经触及核心问题：飞飞知行不合一，却没有采取解决问

是说他道理都明白，可做起来就什么都忘了。他每天放学后都坐在桌前，好像在写作业，实际什么都没做，每次我都气得要吐血。

　　从书中的时间表中，我还发现您孩子的作业时间并不多，可是我的孩子读四年级，作业却很多。上星期五，由于作业太多，没有全部完成，只差一点（全班只有十个人全部完成），老师说周末要罚抄5遍。而我儿子抄到周日晚上12点，也只完成4遍。爸爸就不让他抄了，想着第二天再补抄一遍。可谁知第二天老师发现他没抄完，就让他再抄10遍，所以孩子第二天又是12点睡。早晨起不来，上课也没有精神，整个人都处于严重的睡眠不足状态，萎靡不振的，我们也很担心他的身体健康。

　　即使不罚的时候，作业做到9点多也是很正常的。我想即使制订再完美的计划也实现不了，我真的搞不懂了，我们到底该怎么办？是牺牲孩子的身体来完成这些作业，还是不再要求他的学习……

　　我想孩子的压力肯定也很大，而我们这些家长真的也很累、很矛盾。国家三令五申不准布置太多作业，可总是执行不下去，我总觉得这一代的孩子物质是丰富的，而精神是贫瘠的。

题的办法，因为妈妈把焦点放在作业上，误认为飞飞故意不写作业，没有意识到"知行合一"是需要训练的，因此与核心问题擦肩而过。

　　妈妈又找到第二个客观原因，作业太多了。

　　在孩子的身体健康和学业成绩之间是否能找到平衡点？

豆豆妈妈诊断

　　飞飞每天的作业做不完，应该有多方面的原因，一是作业比较多；二是睡眠不足导致精疲力竭（脑力、体力、心力），走神发呆，效率低下；三是学习习惯不好，边玩边学；四是父母承担了应该由飞飞负责的学习重任（完不成作业，父母比飞飞更着急）；五是父母忽视了应该负责任的事情，即保障飞飞的睡眠时间（确保飞飞身体健康），理解飞飞的心理需求，化解飞飞因完不成作业所带来的一系列情绪反应，包括被老师批评、罚写作业等（确保飞飞心理健康）；六是帮助飞飞达成目标，即知行合一。

根据问题所有权的标准，完成作业是飞飞的事情，应该由飞飞做主。作业的多少是老师决定的，父母可以和老师沟通，但是不能起决定作用。通过种种原因，妈妈能决定的是保障飞飞的睡眠时间、化解飞飞的情绪、帮助飞飞知行合一。

家长通常会忽视孩子的感受（内在心理需求），更多关注孩子的行为（表面看到的）。在矫正孩子的行为时，家长认为告诉孩子"你错了"，孩子就会自动改正。殊不知孩子的行为和他的感受密切相关，孩子有好的感受，才可能有好的行为表现；孩子经常被否定、被批评，他的感受不好，就很难有好的行为。

即使感受良好，孩子也知道如何做是好的，这也只是在"知"的层面上，要达到"知行合一"还需要持续的训练、鼓励，以及耐心的等待 —— 等待孩子的成长。在孩子成长过程中，父母承担了太多孩子应该做的事情，残忍地剥夺了孩子学习的机会，却反过来抱怨孩子这也不会，那也不会。

六大原因导致孩子作业写不完

飞飞的情况是大多数中国父母和孩子都面临的困境，这些问题确实不是一张小小的时间表能够解决的，作为一个小学六年级孩子的妈妈和专业的心理咨询师，我也能深深体会飞飞妈妈的困惑。困惑之余，我扪心自问：除了抱怨，我能做什么来改善这种困境？如何在现有的教育体制下更好地适应？让孩子和我都更加快乐一些？

按照这种思路，我首先像您一样分析了目前的状况，包括老师、孩子和我面临的问题，然后我发现我不能要求老师或学校如何做，我和孩子都要学会适应这个教育体制，适应老师的要求，我相信老师无论做什么，都是为了孩子好。带着这样的态度，我也尝试和老师沟通，但是我更多的是从自己做起。

　　我发现我可以做些事情，我可以理解孩子的压力，我不会像个侦探一样监视孩子，我相信他可以对自己负责任，我相信孩子只是缺少方法，我相信我能够帮助他和我找到方法。

　　在寻找方法的过程中，我不再抱怨孩子，不再批评他，我和他像朋友一样讨论面对的问题，如何解决问题，我不再像个先知一样告诉孩子如何做，不再像个警察一样监督、指责他，我和他站在同一个起点，共同面对问题。当我这样想，这样做的时候，我和儿子的关系更紧密，我们的力量更强大了，我们并肩作战，儿子不再游离于问题之外，而是积极参与问题解决。

　　从此，我不再首当其冲咀嚼问题，再叵给儿了消化吸收，导致儿子消化系统萎缩，遇到难消化的食物（问题）就会消化不良（不会解决问题）；我致力于教会儿子自己咀嚼，自己消化吸收，不断提高消化能力，进而更好地消化吸收难以消化的食物（问题）。

　　这个"知行合一"的过程是需要爱心+耐心+教育技巧的，也是一个漫长的过程。就像孩子学习吃饭时，喂饭很快、很容易、很省心，让孩子自己吃不仅慢，而且弄得满处都是，还得父母收拾。但是，孩子经历过自己吃饭这个学习的过程，收获的是自理能力和自信心。

8 一激动就动手的孩子

姓名：壮壮

性别：男

年龄：11岁

学龄：五年级

简介：11岁五年级男孩，用板凳砸食堂师傅，对老师的话不当回事，还说老师暴力，用剪刀自卫，对同学更是心胸狭窄，我很苦恼。一次，因为壮壮改错时，不好好改，不情愿，斗气，我忍了很久，最后还是没有忍住，发了脾气，他和我都哭了，虽然和好了，但我能看出他心里的结还是没有解开。到底怎样能让壮壮心胸开阔些？不那么狭隘和情绪化。我们怎样才能沟通得更好些呢？

妈妈的叙述与疑问

上周，班主任老师给我打电话时说壮壮和体育老师在上课时有些冲突，是在室内上课，壮壮说话，老师管他，他没有及时听，老师就走过去拉他，他就说了老师暴力，要去报警之类，还拿剪刀准备自卫。体育老师非常生气，班主任老师希望我和体育老师能好好沟通一下。我随即找到体育老师（年轻男老师），体育老师反映壮壮上课散漫，不听教育，对老师的批评不当回事，用怪声拉长声回答老师问题，让老师很下不来台。

以前也有过类似的事情，有一次壮壮对学校食堂的师傅不满意，认为人家故意不给他肉菜，吵了几句，师傅推了他一下，他就拿起板凳扔过去，要砸师傅。我被叫到学校，被老师数落了半

豆豆妈妈印象及评价

壮壮对老师的话不当回事，还用剪刀自卫，属于防卫过当，一定有情绪的影响，壮壮需要学习情绪控制。

壮壮爱狡辩，有点得理不让人。妈妈用讲道理的方式正中壮壮下怀。

天，特别没面子。回家后窝着火，见到壮壮我也没客气，说了他几句，他还狡辩，我就打了他几下。我这人脾气也挺急躁的，壮壮可能像我吧，唉！

上次咨询后，我知道自己做得也不对，决定不再打他，母子关系好多了，他也会和我说学校的事情。所以见到壮壮时，我没说体育课的事，只是叮嘱他有什么好事和不好的事情要告诉我，他就和我说了和老师的冲突，承认自己上课说话，老师管他，还过来拉他，他说怕老师动手打他，就拿剪刀自卫。他也明白自己是不对的，我就问他想怎么办？他说要想想，但是这都过了两天，他也没有主动和我说。我有些沉不住气，就侧面告诉他，与老师和同学的关系都要靠维护，你要自己多做事情去改善，帮助别人，才能关系好。他点头表示愿意这么去做，却没有行动。

比如，他和班里的同学小赵经常闹矛盾，大打出手，很不团结，壮壮显得心眼小。今年六一节前，我联系了盲校，让他们班的同学和盲人同学一起过节，我觉得挺有意义的。壮壮不想让小赵去，还和老师说了。我知道后告诉他，这是全班的活动，我只是帮忙联系，不是个人行为，他不能让谁和不让谁去。

后来我问他为什么最近总是出问题，到底是怎么回事？他回答说：心情不好。我问：是功课的问题吗？他摇头。我又问：是机器人比赛失利了吗？他还是摇头。我问那为什么？他说是为了小赵要参加六一活动，还有要和他一个组参加科学课活动，他不喜欢。郁闷，心情不好。

壮壮的霸气影响了和同学的关系。

壮壮被"情绪魔"控制了，像个炸弹，不时地爆炸。

我反复开导他，告诉他，世界上的人很多，总有喜欢和不喜欢的，是不是可以试试把不喜欢的人和事放小些，把自己喜欢的事情放大些。但我感觉效果不是很好。有些很小的事情会随时影响他的情绪。我也是很担心他随时会在学校出问题。

这个周末，因为壮壮改错，不好好改，不情愿，斗气，我忍了很久，最后还是没有忍住，发了脾气，他和我都哭了，虽然和好了，但我能看出他心里的结还是没有解开。

到底怎样能让壮壮心胸开阔些？不那么狭隘和情绪化。我们怎样才能沟通得更好些呢？

> 妈妈理性的开导对于壮壮的情绪没有起到积极的疏导作用。

> 被"情绪魔"控制的孩子老是找碴，没事找事，因为他的感受不好，不会有好的行为。

豆豆妈妈诊断

我曾经问一群小学生，世界上有情绪魔吗？有个9岁的男孩说："人只有情绪，没有情绪魔。情绪魔是人自己假设的。"另一个8岁的男孩子补充说："如果人的情绪失去了控制，就成为了魔鬼。"还有一个9岁的男孩说自己是狼和羊的混合体，有时候感觉自己是乖巧可爱的绵羊，有时候感觉自己是凶狠毒辣的恶狼。

每个孩子都有天使与魔鬼的双面性，当孩子被情绪控制了，就像《哈利·波特》中的伏地魔附体一样，成为魔鬼；当孩子控制了自己的情绪，成为情绪的主人，自己感觉良好，如同天使一般，合作而高效。

壮壮和老师、同学、妈妈发生冲突，甚至用剪刀自卫，一方面说明他没有安全感，非常的敏感，自我感觉不好，认为自己是不可爱的，所有人都是不友善的，没有人会喜欢自己，这和壮壮的成长经历有关。壮壮从小调皮捣蛋，妈妈的脾气也很急躁，以前都是用简单粗暴的方法解决，经常打壮壮，所以壮壮对于别人触碰自己的身体非常敏感，无论是故意的碰，还是不小心的碰，他都认为是一种敌意，一律用反击的方式自我防卫。

另一方面说明壮壮是急脾气，点火就着，经常失控，被情绪魔控制而表现出狼的一面。妈妈用讲道理的方式讨论"事"，却忽视了"情"。壮壮的"情"没有得到有效疏导和控制，经常冒出来，使得壮壮感受不好，不会有好的行为。

孩子的两面性：天使与魔鬼共存

如果孩子存在情绪的问题，一定要先讲"情"，再讲"事"；如果您只讲"事"，正如您说的 "我想反复开导他，告诉他，世界上的人很多，总有喜欢和不喜欢的，是不是可以试试把不喜欢的人和事放小些，自己喜欢的事情放大些。但我感觉效果不是很好"。单纯的讲道理没有解决情绪的问题。

曾经有一个9岁的男孩，他说"您是有魔法的，这些道理爸爸妈妈都给我讲过，但是您让我做到了"。我是用"情绪五步法"（简单说就是尊重情绪，引导行为）让孩子学会控制自己的情绪，打败情绪魔！

情绪五步法：当父母发现孩子有情绪问题时，可以按照以下的步骤进行（钟思嘉《打开孩子情绪的瓶塞》）：

1. 察觉孩子的情绪：情绪背后都有原因，孩子有时不知道自己情绪的原因，当父母发现孩子生气或沮丧时，请停下脚步来了解孩子生活中发生了什么事情（比如妈妈发现壮壮情绪低落），并运用一些方法来引导孩子安全地表达各种情绪。

2. 体察情绪是与孩子亲近和教导孩子的机会：父母常常试图忽视孩子的负性情绪，希望他们的情绪过去，效果不好。孩子的情绪纾解需要父母协助澄清、了解，才不致使情绪扩大或恶化。

3. 积极倾听和确认孩子的情绪：父母通过孩子的身体语言（如脸部表情和姿势）判断情绪，孩子也会观察父母的身体语言，请父母以轻松但专注的态度和语气，不带质问的反应，例如"你今天看起来有点闷闷不乐？发生了什么事情吗？"然后，等待孩子的反应。

4. 帮助孩子以言语表明情绪：当父母看到孩子流泪，可用同理心来反应，"你觉得很生气，是不是？"孩子不仅感到被理解，同时也学到用适当的词语表达情绪；父母不是告诉孩子该如何表达情绪，而只是协助孩子发展表达情绪的语汇；当孩子有两种以上的混合情绪，父母可以让孩子了解这是正常的，例如"我知道你想尽快改错，但是也觉得有点难"。

5. 与孩子商讨解决之道：让孩子了解自己的情绪不是问题，偏差行为才是问题；与孩子一起探讨问题的解决，例如"老师拉你，你很生气，如果是我也会生气，但是你拿剪刀是不对的。让我们想想有没有其他的解决方法？"

🌿9　周末是这样度过的

> 姓名：萱萱
>
> 性别：女
>
> 年龄：10岁
>
> 学龄：四年级
>
> 简介：萱萱在三年级以前，一直是班里的佼佼者，到了四年级，总是抱怨没有玩的时间，学习态度也很消极。功课多了，睡觉少了，锻炼少了，快乐少了，学习的自主性、积极性也少了。而且家长也着急，看她时间紧，事情多，忙不过来，就催她，看她无精打采的样子，又心疼、又生气！

妈妈的叙述与疑问

萱萱快期末考试了，我非常的烦恼！萱萱也很不快乐，我们俩经常有摩擦，我也不知道该怎么办。三年级以前，孩子一直是班里的佼佼者，学习态度认真仔细，课外也只学了剑桥英语、钢琴、七色光合唱团，时间还很充裕，孩子有玩的时间。

上了四年级，学习态度远不如从前，因为添加了奥数，需要预习、复习、经常要小测验，这样每天放学到家，要先练半小时左右的钢琴，吃完饭后写作业，学校的作业到四年级也多了，做完作业要针对学校的课程做相应的练习题（语文或者数学，老师说了，学校课时太紧，只能回家自己做）还要复习，并做奥数作业，或者预习下一次课的内容。

豆豆妈妈印象及评价

妈妈愁眉不展，也许是因为期末考试太紧张了。

哦，原来是增加了奥数课，每天要练琴、写作业、复习、预习，压力很大啊。

周末是这样度过的：周六11点5分至12点30分，奥数课；下午1点至5点，艺术团上课排练节目；周日：下午4点10分至6点35分，剑桥英语。剑桥英语平时没有时间安排听读，只能在上课前赶赶作业，背背老师上课要考的单词。周六日紧紧张张的，基本没有休闲的时间。

一学期下来，孩子每天晚上一坐就是两个多小时，睡眠时间比以前少了，也没时间锻炼身体了！萱萱总是抱怨没有时间玩，学校的学习中也遇到了问题，比如语文的阅读理解和作文，考试成绩可能会得不了优，别人说要让孩子多读书，我也觉得多读书对语文阅读和写作都有帮助，而且读书是一个很好的习惯！可是平时没有时间，周末有一点时间，孩子就说我想看会儿电视，看她那么辛苦，也就让她看电视了，因此没有时间读书了！

孩子的生活独立性很强，她不是一个磨蹭的孩子，但也不是一个一点就透的那种很"聪明"的孩子，学习知识需要努力！这学期的安排我觉得很不好，睡觉少了，锻炼少了，快乐少了，学习的自主性、积极性也少了。而且家长也着急，看她时间紧，事情多，忙不过来，就催她，看她无精打采的样子，又心疼、又生气！这和我以前订立的小学期间培养孩子独立自主、主动学习的目标是背道而驰的！

我也和萱萱谈过，希望她能接受现实，端正学习态度，不要老是抱怨。其实我也很苦恼，教育体制如此，不学奥数就不能参加好中学的入门考试，学校的考试不得全优（90分以上）就评不上三好学生，也会影响进入好中学的大门，唯一

试想，如果我们每周工作5天，每天晚上和周末都要加班，我们的压力有多大？孩子的学习和作业不正是这种情况吗？

没有时间睡眠，没有时间锻炼，没有时间读书……谁偷了孩子的时间？

萱萱的压力太大了！妈妈的压力也很大。谁之过？妈妈要审慎考虑孩子成长的目标在哪里。

萱萱的压力需要释放，需要妈妈情感的支持、爱的理解和分担，不需要理性的讲道理。萱萱更需要阶段性的取

可以放弃的是艺术团。孩子特别喜欢去艺术团，能经常参加演出，见世面，这是她目前唯一的快乐。既不想放弃孩子的快乐，又要上好中学，孩子的精力是有限的，真的很难抉择。该怎么办呢？

舍，放弃一些事情，合理安排时间，提高学习效率。

豆豆妈妈诊断

这是个大众化的问题，在目前的教育体制下，为了让孩子更有竞争力，家长们和孩子们都在挣扎，一方面要全力以赴学习各种技能，一方面又为孩子被迫放弃了许多成长的快乐而烦恼。萱萱从周一至周日，每天从早到晚都要学习，几乎没有休闲的时间，她所承担的压力已经超出了一定的限度。

压力越大，心理焦虑越大，而心理焦虑又会影响孩子的学习绩效（学习积极性、主动性、绩效和学习成绩）。焦虑曲线表明了焦虑程度和绩效的关系是倒U形曲线，随着心理焦虑的不断增高，孩子的绩效呈现出乏力区、舒适区、发展区、潜能区、破坏区等由低到高，再由高到低的过程。

在乏力区，绩效很小，因为孩子没有任何压力，轻飘飘的。在舒适区，有绩效，但不太明显，因为孩子感到很舒适，"站着就能摘到果实"，因此，也不需要花费很大的力气，只是一般应付即可。在发展区，绩效增强，因为进入发展区压力增大，为了减轻压力，回到舒适区，孩子有可能做出各种努力，从而产生了"跳一跳摘到果实"的积极性。在潜能区，绩效达到了极至水平，是一种超能力的发挥。因为，在常规情况下，人们遇到这一区域的压力是无法应付的。只有动用潜能，做出超常的努力，才能产生"应激性"的积极性，据美国学者奥图博士等人研究其效应比平常高达三万倍以上，这个区域的持续时间很短。在破坏区，绩效迅速降低，以至于趋于零效应，甚至负效应。这就是说，在这一区域，人们面对强大的压力已无能为力，十分沮丧，在行为上表现出放弃、倒退的行为，有时还会出现精神崩溃、心理受挫、行为失常的变态现象。

从焦虑曲线来看，萱萱在三年级以前大致处于舒适区和发展区，压力水平中等，学习的积极性和学习成绩不错（佼佼者）。但是到了四年级，不仅学校的作业量加大，还增加了奥数课，萱萱的压力增大，心理焦虑也随之增强，可能进入了破坏区，表现为无精打采、消极被动。

根据孩子的压力进程调整学习计划

萱萱学习的科目确实很多，您和孩子都面临很大的压力，如何根据焦虑曲线，有效管理压力，最大限度地调动孩子的积极性、主动性，提高学习绩效，是孩子和父母都要面对的问题，需要和孩子好好交流沟通。

首先要了解萱萱的焦虑曲线规律，以及所处的区域，这是动态的，因人而异，因时而异，比如期末复习阶段，各科作业都特别多，经常有小测验，萱萱的压力可能处于破坏区，需要减压才能上升到潜能区，发挥潜能和积极性应对考试，在这个特殊阶段应该有所取舍，减少课外班的学习，把有限的精力用到刀刃上，好好复习考试。等考试结束后，再重新制订学习计划和时间表，根据焦虑曲线调整学习任务，让萱萱的压力处于舒适区和发展区。

其次要增加萱萱正面的压力经验，因为压力区域是动态变化的，变化的方向和压力经验有关，如果是正面的压力经验，就会产生上升的行为，如果是负面的压力经验，就有可能产生倒退的行为。比如，面对期末考试压力，如果妈妈帮助萱萱合理安排时间和精力，有效取舍，就会促进萱萱从破坏区上升为潜能区或者发展区，从而提高学习的主动性和积极性，最终提高考试成绩。这种正面的压力经验有助于萱萱积极主动处理压力，而不是消极等待和抱怨。

最后要提高萱萱的压力承受力，运用逐步增强的原则进行压力训练，以提高萱萱的压力承受能力，切忌给予过强的压力，以避免被压垮。

10 妈妈，我太累了

> 姓名：咚咚
>
> 性别：男
>
> 年龄：7岁
>
> 学龄：一年级
>
> 简介：儿子刚上一年级，每天的作业要写到10点多，一点时间观念都没有。我每天下班要不停地催促，才勉强写完作业。其实，儿子作业并不多，只是被这样那样的事情把时间给磨没了。我上了一天班，回到家已经累得精疲力竭，还要给儿子辅导功课，和儿子斗智斗勇，冲突不断。有时候看到儿子趴在床上睡着了，我却要狠心地把他拉起来："去，写作业，又想偷懒。"心中好像打翻了五味瓶，不是滋味。

妈妈的叙述与疑问

我儿子刚上一年级，每天的作业要写到10点多，一点时间观念都没有。我每天下班要不停地催促，才勉强写完作业。其实，儿子作业并不多，只是被这样那样的事情把时间给磨没了。我上了一天班，回到家已经累得精疲力竭，还要和儿子斗智斗勇。

比如昨天晚上就是典型的一天，我下班回到家的时候，儿子已经吃过饭了，正在东转西转。一直等我催他，他才开始写作业。

一会儿，就听到儿子喊："妈妈，快来！""妈妈，我够不到书包，你帮我一下。""妈妈，49+8=？"我最怕听到他喊我，我都累了一天，吃完了饭，只想躺在床上休息。

豆豆妈妈印象及评价

家长包办代替，孩子没有形成时间观念，也不会管理自己的学习，不会对自己的学习负责任。

咚咚想获得妈妈的关注，用骚扰的办法，妈妈情绪烦躁，不耐烦，中招了！

可是没办法，抖擞精神，爬起来继续战斗。唉，幼儿园就会做的题，怎么还问？"要进位，懂不懂？"说完我就又躺到床上，头痛欲裂啊。

一会儿，儿子拍着桌子跳起来："不做了，不做了，这个题目太烦人了。"笔往桌子上一扔，跑到床上乱蹦乱跳，还把被子都弄乱了，一股脑地扔到我的脸上。我也怒了，吼了他一句，他趴在床上呼呼直喘气。

唉，起来吧，不然他的作业写不完，老师又该找家长了。接着做数学，一道题、一道题地讲。嘴里说着49，写出来的却是29；明明是上一道题的答案，却写在下一道题的空格处；一会儿又落了一道题……

最后一道题是数一数你的存钱罐里有多少钱。儿子就去找他的存钱罐，全部倒出来，开始数钱。我说："别数了，要不然一晚上都写不完作业，抓紧时间写吧，随便填个数就行了。""不行，不行，就要数。"儿子执意要数，我也不能说什么，心里那个急啊！终于写完数学作业了，还有英语和语文呢。

英语有两本书，外教版和人教版，他非说是读人教版的书，还和我争，因为外教版的有点难。最后我要打电话问同学，他才不情愿地拿出外教版的书来读，这个争论的过程就花费了20多分钟。

英语作业是读这两天学的课文，他呆呆地看了几分钟，脖子一扬，理直气壮地说："我不会！""不会？上了几天的课，你还说不会？还这么有理？上课干吗去了？读吧，把会的读出来！"我也没有好气，感觉自己就要爆发了。

咚咚结结巴巴读完了，我把咚咚不会的词

咚咚骚扰不成功，更进一步的攻击，妈妈终于发怒了。

妈妈怒气过后，无奈地陷入儿子的陷阱。

妈妈承担了儿子写作业的责任，替儿子着急。殊不知，儿子根本没有时间观念，妈妈在着急过后，要反思自己是否教过儿子如何管理自己的时间？

作业是儿子的事情，要把完成作业的权利还给儿子，并和儿子沟通如何清楚记录作业，培养儿子自己承担学习的责任。

抱怨和责难只会激化矛盾，要问"如何会"，才是解决问题的挑出来，一个一个地教，最后总算磕磕碰碰地把这篇课文读完。再问他，这篇课文什么意思啊？回答是："不知道。"我晕！"妈妈，我太累了！"得了，休息吧。

"休息好了吗？快点吧，已经快到9点了，还有语文作业呢。"他读书时常常是东跳一个字，西跳一个字，音也乱读，我坐在边上，指出他读的错误，他却不耐烦地说："你插嘴"，我说："你读错了不及时纠止？"他说："不行，老师说了不能插嘴。"我说："妈妈发现你错的地方，让你马上改过来，怎么不对啦？老师上课你不要插嘴，但现在妈妈是大人，给你纠正错误，怎么不行啦？"他说："不行，就不听你的，不读了！"

腾的一下，我气急了，把书往他头上一磕："你自己读吧，妈妈不管你了。"等我洗完澡，看到咚咚趴在床上睡着了，把他拉起来："去，写作业，又想偷懒。"

还好，他听话起来了，把书读完。还有一道题是读课文三遍，他坐着，不想读，想睡觉，我在旁边坐着，不动，也不说话，他没办法，只好拿出书来读。读了两遍后，不想读了，我坐着，等他自己决定，他说："妈妈，明天早上起来读，行不？"我问他："昨天的，前天的，好多天的，你说早上起来做的，做了没？都没做，以后你别再说这个话了，本来作业9点之前可以完成的，你非要磨、吵、闹，到现在10点，还没写完，你必须读完才能睡觉。"没办法，咚咚只好继续读。

终于读完了，已经十点半多啦！每天都这样，我和儿子都快受不了了，怎么办啊？

态度。

妈妈当老师，确实很累。这里要解决的问题是"孩子不会听课"，而不是教他课文和单词。

妈妈还是老师？角色混乱了，道理也乱了，造成孩子的错误概念。到底什么时候可以插嘴，什么时候不能插嘴，真是很复杂啊。

妈妈生气了，已经输了。

不开心、不快乐一直伴随着孩子学习，孩子还会对学习、写作业有兴趣吗？条件反射在这里也适用，可以看出那么多的孩子厌学，原来如此。

豆豆妈妈诊断

咚咚刚上一年级，"学习、写作业"对咚咚来说是一种新的行为，是需要有计划、有目的完成的事情，需要对自己的时间进行有效管理；从行为到习惯更是需要家长的努力和付出，不是简单几句话就能达到的。

妈妈误以为咚咚上学了，作为小学生，就应该知道放学回家立即写作业，写完作业再玩。妈妈的美好愿望没有错，但是如果妈妈把自己的愿望作为标准来衡量此时此刻的咚咚，认为咚咚一上学就能达到这个目标，认为孩子自然而然地能做到，就会因标准过高而产生如上的困扰和麻烦，不仅咚咚的行为没有改善，而且因为妈妈在高标准指导下不断地催促、挑剔、批评，导致咚咚学习自理能力低下、缺乏学习主动性和自主性、过分依赖妈妈（妈妈不在家，就不知道要写作业；妈妈不坐在旁边监督，就不会写作业）、自信心不足等，而且伤害了亲子关系。

同时，妈妈一直督促咚咚写作业，希望咚咚按照妈妈的要求做，当咚咚逆反、抗拒时（比如咚咚阅读不让妈妈插嘴），妈妈感到不舒服，甚至生气发脾气，像个孩子似的"不管你了"。要知道，7岁孩子正是逆反的关键期（3岁、7岁、12岁是孩子逆反的关键期），他开始形成自己的主见，希望通过反抗和妈妈分离（不破不立），这是孩子独立的标志。

妈妈因孩子的"不听话"（比如咚咚向妈妈扔被子、顶嘴等）而生气，正好达到咚咚的行为目的（参考"磊磊故事"），其行为得到强化而保留。长此以往，咚咚的不当行为（依赖、骚扰、顶嘴）形成习惯，必将阻碍咚咚的正常成长。

制定时间表和星星表，培养孩子时间管理能力

咚咚刚上一年级，对自己的时间没有概念，对自己的学习和作业更是不知如何安排，需要妈妈帮助培养时间管理的能力，培养良好的学习习惯。请按照如下步骤进行：

第一周：记录孩子自然状态下的时间安排（从放学回家开始），包括周末；同时记录孩子希望的时间安排，以及家长希望的时间安排；

第二周：根据以上的时间记录，制定咚咚的时间表，以孩子为主。试行一周，执行过程中遇到的问题可以随时调整；

1. 制定时间表时，家长要引起孩子的兴趣是关键，比如通过制定时间表，让孩子有更多的时间玩等，不要让孩子感觉时间表是用来管他的，因而产生逆反和抵触情绪。

2. 提前告诉孩子时间表的规则，制定星星表，约定奖惩措施。遵守时间表时，要给孩子鼓励和肯定（给红星），当孩了不遵守时间表时，不要唠叨、发脾气、抱怨等，而要平静地告诉孩子不遵守时间表得到的是黑星；红星和黑星相抵，每天计算红星的数量，注意：红星要多于黑星。

3. 约定用一定数量的红星换礼物，根据孩子的特点约定礼物的种类，如食品、文具、玩具、游戏时间、电视时间等，也可以是父母的服务、请小朋友玩等，奖励也要细分，让孩子有进步就被肯定，家长不要吝啬鼓励。

4. 同时约定处罚的办法，处罚要明确有效（不要用"再也不能如何等"），应该事先告知，力度不宜太大（以孩子能接受的程度为宜），否则，将影响亲子关系。

5. 把彼此的约定写下来，父母和孩子签字有效，如果遇到没有商讨过的问题，亲子沟通美妙时间到了，机会来了!

6. 执行时间表时，时间可以稍有弹性（5~10分钟都可以），可以提醒孩子到时间了，以及相应的处罚，不要太教条了。

7. 刚开始时，孩子忘记时间表是正常的，父母可以提醒一次；如果孩子没有认真对待，可以告诉孩子约定的处罚生效。注意：态度平静，不要发火，言简意赅，不要唠叨（如果您很生气，请先处理好自己的情绪，再和孩子沟通）。

8. 温馨提示：准备定时器或者闹钟，并教会孩子正确使用。

根据以上的步骤确定时间表和星星表，孩子将养成独立自主的学习习惯，并对自己的学习负责。

Chapter4　性格篇

1 害怕天黑的男孩

姓名：小华

性别：男

年龄：10岁

学龄：四年级

简介：小华都10岁了，还特别怕黑，不敢一个人睡觉，不敢一个人待在房间里，更不敢到黑的地方去，甚至影响学习了。如果我们不在家，他连作业都完不成，因为字典等工具书在房间里，他不敢去取，害得我们也必须在天黑之前回家，严重影响了我的工作。有时候我特别烦，就吼他两句，他就掉眼泪，我真没办法。

爸爸的叙述与疑问

小华已经10岁了，还是特别怕黑。我常常对他说：男孩子，黑有什么可怕的，勇敢点。可是他总说有鬼，不敢到黑的地方去。即使在家里（我们家有点大，160多平方米，就我们三个人，为了省电，没人待的屋子都关灯，是有点冷清），天一黑，就让我陪他，有时候我特别烦，就吼他两句，他就掉眼泪，我真没办法。

比如，我们都待在客厅，我让他到厨房取点东西，他就说不敢去。偶尔也会去，但是走到黑的地方就闭眼，喊我过去，如果我不及时过去，他就不停地喊，直到我烦，屈服了，和他一起过去拿东西，他才满意。

小华还不敢一个人睡觉，至今都是和我们一个房间睡觉。我们多次想让他独自睡觉，他都不

豆豆妈妈印象及评价

除了怕黑外，小华还有别的原因吗？是否通过怕黑来达到自己的行为目的——吸引爸爸的注意？

怕黑似乎成为小华控制爸爸的手段：爸爸陪着自己去拿东西。

怕黑可以让爸爸陪着睡觉。

同意。有一次，还跪在地上求我们让他睡到我们房间，哭得特别可怜。我们也知道孩子大了，应该独立，可是我们也没有办法，打也打了，骂也骂了，就是没效果，主要是怕黑，不敢一个人待在黑的地方。

有一天，我晚上要加班，他妈妈也有事不能按时下班。5点多，我往家里打电话，告诉小华我和妈妈都不能早回家，他要自己待一段时间。因为是10月份了，天黑得较早，5点的时候已经有点蒙蒙黑了，6点就基本黑了。

怕黑可以让爸爸早回家。

小华一听我们都不能在天黑之前回家，特别不高兴，在电话里就说："我不写作业了！"

怕黑可以有理由不写作业。

我也急了："等我们回家再写作业就来不及了，你先写点，我们争取早点回家。"

"不！我的字典等工具书都在我房间里，我不敢去拿，我就待在客厅里等你们，你们快点回来吧。"小华带着哭音恳求我。从客厅到他的房间要经过一个比较长的走廊，他害怕。

没办法，我只好草草结束加班，赶回家里。这种情况经常发生，甚至影响了我的工作。我也知道要尽父亲的责任，所以非常的无奈。

其实，我回到家里，看到儿子在看电视，不像害怕的样子。我都不知道他是否真的怕黑，还是想让我们陪他？

怕黑可以名正言顺看电视。

豆豆妈妈诊断

孩子怕黑首先要排除生理原因，比如，先天性夜盲症的孩子，这些孩子虽然在光线充足的环境下能看见东西，但在黑暗中几乎什么也看不见，这些孩子无一例外地对黑暗极度恐惧。

孩子轻度怕黑是正常的，但若过分怕黑，甚至惧怕黑夜，将影响孩子的性格发展。孩子怕黑不是天生的，基本发生在3岁以后，是孩子开始初步接触社会并渐渐懂事后才出现的。

孩子怕黑，一方面是经常看恐怖片造成的；另一方面是成人的吓唬造成的（尤其对于胆小、娇气、孤独的孩子）。外界的环境，成人的言行是孩子怕黑的主要因素。许多孩子都害怕小丑、鬼、黑暗，但首先是害怕被抛弃，害怕孤独。

10岁的小华怕黑可能有行为目的，通过怕黑可以获利：可以有父母陪伴睡觉、可以有爸爸陪着去厨房、可以不写作业、可以看电视、可以控制爸爸……通过怕黑的行为，小华的行为目的达到了，怕黑保留下来并愈演愈烈（参见"我的冤家儿子"）。

小华有点怕黑，这是正常反应，但是因此而衍生的各种行为——不敢单独去厨房、不敢一个人回房间取书（看电视、不写作业）、不敢一个人睡觉等，却是过度反应。尤其是看电视时"不像害怕的样子"，说明小华没有相应的恐惧情绪，这种怕黑是有行为目的的，即要爸爸回家陪他。

如果父母对孩子的正常怕黑过度、不当反应，比如过度紧张、长时间陪伴、大惊小怪、屈服妥协等，就会使孩子正常的怕黑发展成过分的恐惧；也可能成为满足孩子行为目的的工具，孩子学会用怕黑获得关注，并因此控制父母的行为。

孩子怕黑有目的

对于小华的怕黑，爸爸首先要判断是真害怕，还是有行为目的，抑或是二者兼而有之。

如果小华是真的害怕（神情紧张、声音发颤等），爸爸不要对孩子说"不要害怕"、"你很勇敢"、"没什么可怕的，根本就没有鬼"之类的话，这些安慰的话简单、粗暴地否定了孩子的真实感觉（明明感到了害怕），他会因此而不安，进而怀疑自己感觉的真实性而自卑。也不要强迫孩子做事，这会加剧恐惧感。

消除小华恐惧心理的前提是父母要给孩子更多的爱抚和关心，这种安全感和情感支持是任何东西都无法代替的，是最好的心药，对稳定孩子的情绪能起到至关重要的作用。要从三个方面入手：知识+陪伴+体验。

一是从知识的层面给孩子讲道理（一般讲一次就够了，不要重复多次而成为唠叨），父母有责任和义务让孩子知道恐惧是正常的情绪反应，告诉孩子黑暗并不可怕，黑是因为我们的眼睛看不清外界，爸爸也会害怕的，这样小华就会坦然接纳自己的害怕情绪。

二是陪伴孩子，比如孩子进入房间害怕时，家长可先开灯进去，在孩子面前对房子搜寻一番，孩子在父母的陪伴下经验到从黑暗到光明的过程，会感到令人害怕的房间和白天一样安全，增强其安全感。

三是父母要帮助孩子创造成功的体验，有意识地锻炼孩子，培养孩子的信心，比如，小华要到厨房喝水，过道有点黑，他说有鬼，把眼睛闭上了，大声喊爸爸过去。爸爸可以说："爸爸相信你能独自去厨房喝水。如果能给爸爸带来一杯水，我会特别高兴，愿意陪你玩半小时电脑游戏。"这样，小华面临两个选择：1. 独自取水，能玩游戏；2. 爸爸陪伴，没有游戏。当小华勇敢地选择第一个（也许几次后才能做到），爸爸一定要鼓励小华，强化他的努力，并和他玩游戏（履行承诺）。这种成功的体验，一定能让小华走出"黑暗是可怕的"误区，战胜怕黑的恐惧。

由于情绪的传染性，成人怕黑的不安情绪极易感染孩子，加剧孩子怕黑的心理，父母应扮演勇敢者的角色。同时，父母要有选择地引导孩子观看电视节目、故事、电影、游戏、碟片、图书等，不要在孩子面前肆无忌惮地谈论令人恐怖的新闻，不要大肆渲染恐怖气氛。如果要谈论，也要让故事有个美好的结尾：正义战胜邪恶。

如果小华的害怕有行为目的（嘴上说害怕，却没有紧张的情绪，比如面部表情、声调、呼吸等），也就是他并不是真的害怕黑暗，更多的是用"怕黑"来吸引父母的注意，从而达到被关注的目的。比如爸爸加班，小华电话里说害怕，而且用不写作业相要挟，爸爸回家看到的是小华安静地看着电视，没有恐惧感。

这时候，如果爸爸关注小华的怕黑，或者指出小华的行为目的（用怕黑让爸爸陪他），恰恰满足了小华"吸引注意"的行为目的，这种行为不会改善。

有效的回应办法是忽视小华的怕黑、不写作业、看电视等行为，鼓励小华的勇敢、独立。

比如爸爸可以说："小华，你一个人待在家里，真勇敢！爸爸为你骄傲！你要是在8点半之前完成作业，爸爸和你玩游戏！（小华很喜欢和爸爸一起玩游戏）"等小华按时完成作业，爸爸要履行诺言，和小华玩游戏。之后可以说："小华，爸爸明天晚上还要加班，妈妈可能也回来很晚。可是我特别想明天下班后陪你玩游戏，但是如果你等到爸爸妈妈回来再写作业的话，就没有时间玩了，真是可惜。"爸爸可以做出一副为难的样子，把这个难题抛给儿子。

儿子可能说："爸爸，我有办决了。我把学习用的书都放到客厅里，这样我回家就可以在客厅写作业了。等爸爸回来我就写完了，咱们接着玩。"在爸爸的引导下，儿子通过自己的思考，找到解决问题的办法。

2 沉重的2+3=5

姓名：宇宇

性别：男

年龄：6岁

学龄：幼儿园

简介：我儿子的社会交往能力强，观察力强，兴趣广泛，且喜欢阅读，这些都是非常好的优点。最大的问题就是理解能力差，课堂效率低，不理解大人的意图。马上就该上学了，学了一晚上的2+3=5，换成3+2就开始乱答，甚至能说出11的答案，让我忧心忡忡。

妈妈的叙述与疑问

6岁的孩子不会算数，理解力差，怎么上学？？回想这6年来，送到北京最好的私立幼儿园，教育理念是给孩子充分的自由和爱，强调蒙台梭利的方法，而且是双语教学和奥尔夫音乐，应该说非常符合快乐教育。

但是2年下来，6岁的儿子学习状况如下：

1. 数学。10以内的加法都不会，更别提减法了。昨天晚上2 + 3 = 5教了半天还是不会，我觉得背也该背下来了呀，而且换成3 + 2就开始乱答，甚至能说出11的答案。

2. 5岁以前，儿子对数的概念模糊，问他有多少个苹果，他不管是2个还是几个，数完以后总是告诉你"3个"，从1数到5，然后问几个，都说3个。5岁以后才慢慢好点，逐渐认识了1~10个数字，但是依然反应很慢。

豆豆妈妈印象及评价

短短的几句话，让我感受到妈妈的压力，也感受到小宇宇所承受的负担。

宇宇学了这么多！我太惊讶了！小小年纪，他的主要活动应该是游戏啊！随着妈妈如数家珍地说出洋洋洒洒八条，我的心也越来越沉重了。

3. 语文。认识的字不超过2位数吧，会写的不超过1位数。真正开始写字是5岁半，在此之前手腕悬空，竖总也写不直。

4. 学过的唐诗20首左右，会背的唐诗3~4首。

5. 英语。有外教的EWAS和园长亲自教的英语拼读，上学期外教给的评分是1分（最低）60%，2分20%，3分10%，5分10%，总分大概是2分吧。英语拼读的单词人概30个，掌握的10个。

6. 体育，学了2年的轮滑，速度依然很慢，不敢用劲；学2年的游泳不敢摘浮板；跳绳只会跟大人跳，不会自己摇着跳；拍球5岁以前根本不会，最近可以拍10个以内。5岁的时候体能测试总分为2分（满分5分）。

7. 音乐，我自己看他上了几次课，基本上很难跟上老师的要求，节奏跟不上。

8. 美术，除了幼儿园的教育，还报了兴趣班，花费不菲，在家里从来不主动拿笔画画；用剪子不熟练；折纸也很笨拙。

这里需要强调的是，我的孩子身体发育比较快，目前身高1.3米，5岁半开始换牙，也许这是他动作发育迟缓的原因。

我认为他2＋3不会算，是没有很好地理解大人的意图，因为只要认真从1数到5也可以得到答案，但是每个老师都反映他课堂发言非常积极，就是回答的准确率很低。他5岁以前不知道春天和秋天四季，就是冬天比较准确，一问就知道。

从3岁开始上幼儿园，这些年来我和他爸爸都亲自养育他，没有离开过他，亲子关系应该说

妈妈无法接受"字字不如他人"，并陷入

还可以。我从他3岁后感觉到他和同龄孩子的差距后，开始急躁，但也没有硬性地逼他，只是还有半年就上学了，我的担忧越来越重。

我的孩子其他方面比如社会交往能力强，观察力强，兴趣广泛，且喜欢阅读，这些都是非常好的优点。最大的问题就是理解能力差，课堂效率低，不理解大人的意图。

客观地说，我和他爸爸都是懂些幼儿教育的，也给了他几年的耐心，但是面对6岁的儿子如此的发育水平，还是非常担心在中国目前的教育体制下怎么适应？如何保护他的自信和自尊？

我该怎么办呢？真是非常苦恼啊。

急躁的情绪中而没有积极的行动。

终于看到宇宇的优点了！这就是希望和力量的源泉！

几年的耐心是远远不够的，教育是漫长的旅程。

豆豆妈妈诊断

家长们对于"不要让孩子输在起跑线上"趋之若鹜，却常常忘了"如何让孩子轻松跑到终点"才是目标。父母常常因为不了解儿童的生理和心理特点，以为越早学习越好，殊不知过早要求孩子学习各种知识，违背儿童发展的客观规律，如果处理不当，不仅知识没有学好，而且可能降低孩子学习的兴趣。很多孩子没有上学已经开始厌学了，常常说"爷爷奶奶多好，每天看电视，我也想退休"。父母只当是戏言，一笑了之。但是笑过后，值得深思啊。

妈妈对宇宇的期望很高，让宇宇上最好的幼儿园，接受最先进的教育理念，自己也学了很多教育的知识，谦虚称"懂些幼儿教育"，却违背了"因材施教"的教育理念，完全不接纳宇宇的特性，一厢情愿地希望宇宇按照自己设定好的路线成长，结果是两败俱伤。

妈妈希望宇宇在每一项能力（语文、数学、英语、唐诗、体育、音乐、美术）的发展上都不落后，结果是宇宇在这几项的发展都没有达到妈妈的期望。反而在妈妈不是很在意的社会交往、观察力、兴趣、喜欢阅读等能力上强于其他人。关键在于妈妈对这两类能力的期望和标准不同，对前一类的期望和标准高（描述很具体），因而对孩子的反应多数是否定和批评；对后一类的期望和标准低（描述非常不具体），对孩子的反应多数是鼓励和肯定。

从孩子的智力发展来看，6岁之前主要是形象思维，抽象思维还没有发展好，2+3看起来简单，其实对于6岁之前的孩子来说非常的抽象。也许你会说别的孩子都会，为什么我的孩子不会？因为每个孩子的发育程度不同，比如宇宇在社会交往、观察力、兴趣、阅读等方面都很优秀，比在抽象思维方面发育快。

宇宇妈妈虽然受过良好的教育，不等于会教6岁的孩了，如同大学教授不能教小学生一样。儿童的语言是游戏，如果成人能用游戏的方式教学，因材施教，重视每个孩子的个体差异，才能事半功倍。如果违反了儿童的心理发展规律，或者教学方法不适当，都不可能达到预期的效果，反而让孩子体验更多的挫败和不自信。

过早学习导致孩子挫败和不自信

宇宇妈妈首先要调整教育的目标：帮助孩子轻松跑到终点。在孩子漫长的旅程中，父母的任务在于陪伴孩子的过程中，锻炼他们自己解决问题的能力，并最终独立完成自己的人生旅途。其间要学习各种能力，不是越早学习越好，每一项能力的起跑线要根据儿童的心理发展规律和个别差异而定，了解自己的孩子哪些能力发展快，哪些能力发展慢，以接纳的态度，抛弃自己预设的模式，从宇宇本身出发，因材施教地帮助孩子，这才是教育之道。

其次要多多行动，帮助宇宇建立自信心。1. 有效利用宇宇发展快的能力，比如观察力、社会交往能力、兴趣、阅读等，建立宇宇的自信心。2. 建议妈妈调整对宇宇思维理解能力的标准，把这个大的目标（妈妈的期望）分解成小的目标，一个一个达到，比如可以先从1+1开始学习，让宇宇更多体验成就感。3. 调整教学方法，用游戏的方式引起宇宇的学习兴趣，比如，可以用扑克牌游戏，并多多鼓励他，让宇宇感到数字就是一个玩具而已，克服对数字的恐惧，建立宇宇对数字的自信心，同时培养宇宇的抽象思维能力。4. 这需要耐心的等待，等待宇宇的成长和顿悟，父母需要的耐心不只几年，恐怕需要更长的时间，而且当孩子上小学后需要更多的耐心。

妈妈描述了孩子在数学、语文、英语、音乐、美术、体育等科目上的不足，多是从结果来看，可否请您戴上特殊的眼镜，换个角度观察孩子，对照您提到的每个特点发现孩子的努力，也许您会发现不到6岁的孩子竟然学会那么多！太让人惊讶了！您知道吗？10以内加减法是小学一年级的数学内容，如果他都掌握了，上学以后干什么？而且，孩子上学后发现这些内容都会，就会不认真听课，反而养成许多听课的不良习惯，例如注意力不集中、走神、接下茬等。等到上三年级以后，这些坏毛病将严重影响孩子的学习。

希望宇宇妈妈放下忧虑，换个角度观察，你会发现自己的孩子非常优秀，不足的方面正是他成长过程中的必然，也正是父母、老师教育的空间，这样您会发现自己更有智慧和技巧帮助孩子，孩子更有进步，并且学会从学习中感受到乐趣，对自己更有信心。

培养一个自尊、自信的孩子比3+2更重要，不是吗？

3 大事小事一团糟

> 姓名：鑫鑫
>
> 性别：男
>
> 年龄：12岁
>
> 学龄：六年级
>
> 简介：鑫鑫快到13岁了，可是他的学习和生活一团糟：大人不说他不会洗脸洗脚；刷牙还好，现在一周只用提醒两三次；偶尔会主动要求洗澡，因为喜欢玩水；衣服穿得乱七八糟，袜子经常在裤子外面套着，领子经常一里一外……我天天跟他说的都是：刷牙吧、把脸洗洗、洗手、写作业吧、认真点、穿拖鞋。时间长了，情绪自然不平和、不耐烦，有时会吼叫，可是没有任何效果。我可是一直科学育儿的啊！

妈妈的叙述与疑问

　　鑫鑫年底就13岁了，可是他的学习和生活一团糟：大人不说他不会洗脸洗脚；刷牙还好，现在一周只用提醒两三次；偶尔会主动要求洗澡，因为喜欢玩水；衣服穿得乱七八糟，袜子经常在裤子外面套着，领子经常一里一外；上学从来不戴红领巾，家里红领巾一大堆，都是突击检查时现买的；脸上经常挂着酱汁就去上学；上课几乎不听讲，基本不影响别人，只是自己玩；作业能少写则少写，能不写就不写；很少主动阅读，通常看书也只是看一些漫画书或者图多字少的；本子也是乱七八糟的，今天用这个，明天那个可能就飞到床下了，通常还没用完就撕光了；到目前为止，他的小学已经快结束了，他的书完整的没

豆豆妈妈印象及评价

　　听到妈妈这样说，感觉鑫鑫更像个幼儿园的孩子，而不像快到13岁的男孩。是否妈妈代替鑫鑫做了很多事？

几本；他的房间你不帮他收拾的话，永远都无处下脚；在家很少穿拖鞋，原来进卫生间还会临时穿上我们的借用一下，现在干脆直进直出，出来可能就上了沙发或者床，都无所谓。

我天天跟他说的都是：刷牙吧、把脸洗洗、洗手、写作业吧、认真点、穿拖鞋。时间长了，情绪自然不平和，不耐烦，有时会吼叫，可是没有任何效果。

常听人说孩子有问题，要检查家长的教育方法。我们一直是科学育儿，看了很多的书，按照书本调整孩子的饮食、运动等，尽量发展孩子的天性。鑫鑫小时候发展一直很好，智力测验的分数也很高，我们以为他会顺利成长。鑫鑫一上学，我们就跟他说：我们不要求你的分数，只要求你认真把该掌握的知识都学懂。所以我们也一直没重点关注他的学习，而是根据他的兴趣，给他提供条件接触各种事物，总觉得以他的条件学习不应该吃力。

三年级后半学期，我们发现他学习上好像出现了一些问题，因为老师经常找家长，主要问题是上课不听讲和不完成作业。三年级放假时老师还提出劝退的想法，我们没理会，因为我们觉得小孩子有些问题是正常的。后来的情况却越来越糟了，他上课完全不听讲了（这非常严重，这个问题一直持续到现在，这也是我一直想要解决的问题，因为他上课一分钟都不听，就完全靠回家我给他补，非常吃力），而且偶尔还会因为很小的事情撒谎，我们都非常吃惊。我也曾对他大喊大叫，甚至打骂，都没用。

四年级下半学期我们感到事情严重，曾在

妈妈把鑫鑫当成小孩子一样对待，事事提醒。

妈妈重视鑫鑫生理（身体）的发育，忽视了习心理（习惯、个性）的培养，想当然认为后者是自然的过程。

被老师劝退应该是很严重的事件，妈妈似乎不以为然，导致鑫鑫的错误行为更严重。

外界的帮助使得鑫

北京某大学进行心理咨询，也试过送他去快乐营等，回来只在认真状态下生活了两天，就又故态重发；我也带他去过很多地方想让他感受不同的生活，看是否能让他慢慢学会设计自己的生活，从而改变生活态度；还试着领他去很穷苦的地方生活过几天，想让他感受一下穷苦是什么样的。可是都没什么收效，他依然我行我素，对任何事情都持无所谓的态度。

有时开家长会，听老师说一定要让孩子养成良好的学习和生活习惯，可是我费了九牛二虎之力，到目前为止他也没有养成任何好习惯，我说过了，骂过了，也打过了，实在是无奈啊。我该怎么办？

鑫的行为发生改变，这种改善需要妈妈的鼓励才能持续，也才可能形成习惯。

如果方法不得当，越努力，越是南辕北辙，因为方向错了啊。

豆豆妈妈诊断

鑫鑫快13岁了，生理上进入了预备青春期，容易冲动、极端、逆反，尤其是反抗以父母和老师为代表的权威。在妈妈眼里，鑫鑫还是一个没有长大的孩子，妈妈好像对待幼儿园的孩子一样，每天催促洗脸、刷牙、洗脚、洗手等，妈妈感到很烦而生气、发脾气。鑫鑫总是被妈妈提醒、催促、批评等，没有成功的经验，感觉也一定不好，没有自信和自尊。

虽然鑫鑫生理年龄快到13岁了，已经是六年级的学生了，每天的生活起居要妈妈催促、衣服不整、丢三落四、个人卫生欠佳、上课不听讲、下课不写作业，其心理年龄可能还处于学前的状态。在鑫鑫的成长过程中，妈妈更重视鑫鑫生理和身体的发育，忽视了鑫鑫心理的成长，没有养成鑫鑫主动做事的好习惯，并认为以鑫鑫的聪明才智，一切应该是顺理成章的。直到孩子三年级时，老师多次找家长沟通，以致劝退，妈妈也没有意识到这个问题，导致鑫鑫的发展失误。

如果一个人，连基本的生活小事都做不好，不会照顾自己，很难有自信去应对需要更多努力的学习、作业等，更没有克服困难的勇气。鑫鑫在生活和学习上都没有成功的经验，总是被妈妈、老师批评，没有成就感，更谈不上对学习的兴趣。

妈妈用尽了各种办法，提醒、警告、处罚、咨询等，认为鑫鑫"对任何事情都持无所谓的态度"，妈妈似乎对鑫鑫有想放弃的想法，从行为目的来看，鑫鑫介于报复和自暴自弃之间，他对自己几乎不抱希望，也没有改善的动力和努力。

父母包办代替导致孩子缺乏自信和自尊

面对没有成长力量的鑫鑫，要从根本上培养他对自己的自信和自尊，重新建立母子间良好的关系，取得鑫鑫的信任，这需要妈妈放弃挑剔、批评的态度，完全地接纳和宽容鑫鑫，像朋友一样友善陪伴鑫鑫成长（如果继续发展为自暴自弃，就要向专业机构咨询）。

妈妈首先要处理好自己的情绪，面对鑫鑫的种种不如意行为，妈妈如果生气了，就先用"一离二吸三凉水"的技巧暂时稳定自己，然后再理智地思考鑫鑫面临的处境，列出鑫鑫需要改善的行为，并按照改善的难易程度排列顺序，把最容易改变的放在第一位，依此类推。

先从第一位的项目开始改善，比如刷牙，暂时对其他的事情先忽略不计。妈妈要停止对鑫鑫的一切批评，包括生活和学习上的任何事情，以鑫鑫现在的状态为出发点（零点），用放大镜去寻找鑫鑫微小的进步（高出零点的行为，比如鑫鑫主动刷牙的时候），用明确的语言以赞赏的态度说出来，比如"鑫鑫，看到你主动刷牙，妈妈真高兴，你是怎么做到的？"让孩子有成功的体验，并感到妈妈的欣赏，建立此次信任的关系，同时鑫鑫有成就感，也因此慢慢重新认识自己，这是建立自信的开始。

一段时间后（一二周时间），这个行为稳定成为习惯，再开始改善第二位的项目。虽然这个改善的过程缓慢而艰难，却是有效的，因为方向对了，目标一定能实现。只要能坚持做一两个月，效果特别显著，而且以后的进程要快得多。

4 不催不动的男孩

姓名：泽泽

性别：男

年龄：8岁

学龄：二年级

简介："泽泽，洗脸刷牙了吗？赶紧洗完了去吃饭。起来的第一件事就应该是洗脸刷牙，然后吃饭，吃完饭你就应该做一个小学生应该做的事：把你的作业写玩，然后……"每天都要重复这样的对话，每天都是一肚子气，我也非常痛苦。这样的孩子，我应该怎么办呢？

妈妈的叙述与疑问

泽泽的学习习惯非常不好，每次写作业都要催促很多遍，而且注意力不集中，边写作业边玩，一会儿喝水，一会儿要上厕所，一会儿又出来找我，经常完不成作业。道理天天讲，我都磨破了嘴皮子，软硬兼施，可他就是做不到。

上学的时候，我天天提醒他："泽泽，今天咱们在学校把作业做完，然后放学回来就能出去玩一会儿，好吗？"结果是他每天都做不完，回家后就要补作业。老师说他在学校不是写不完，他是根本就不动笔，一直在那儿发愣或者玩文具！

现在放假了，白天没有老师督促，我们还要天天上班，就泽泽和保姆在家，就更懒散了。早晨泽泽一起床，就到客厅的沙发上开始玩游戏机（PSP），如果我头天晚上把游戏机收起来

豆豆妈妈印象及评价

泽泽的学习习惯是被动的：催促—写作业。没有催促的话就不动。

妈妈一直是提醒、催促，且无效。在学校，没有了妈妈的催促，泽泽就不知所措了。

这符合泽泽"催促—学习"、"不催促—不学习"的模式。

母子间的沟通模

了，他就把电视打开，开始看动画片。

我起床后，就开始说："泽泽，洗脸刷牙了吗？赶紧洗完了去吃饭。起来的第一件事就应该是洗脸刷牙，然后去吃饭，吃完饭你就应该做一个小学生应该做的事：把你的作业写玩，然后，剩下的时间就是你自己的了，你想怎么玩就怎么玩，没人会管你的。从今天开始，你必须做完作业才能下楼玩，如果在上午就做完，还可以奖励多玩1小时游戏机，如果没写作业，就要没收你的游戏机，听到没有！"他会回答："听到了！"但是根本没有停止的意思，继续玩。如果我再次严厉地催促他，并走到他眼前，他有时会不情愿地去洗脸，有时会很生气地去洗脸。

洗完脸去吃饭之前，他如果感觉我不是很着急出门，就会问："妈妈，你今天不上班吗？"我猜他一定是想：如果妈妈在家，我就一定要先写作业才能出去了！所以，一听到这句话我就火不打一处来，我会很生气地说："你妈妈如果没了，你是不是要自己学会知识，然后去找工作，是不是也要自己养活自己呢？！"往往到了这个时候，他都会很生气地走开，甚至嘴里还会嘟嘟囔囔的！我会不理他，然后就去上班了。

等到晚上我下班回来，进门就问保姆："泽泽是上午做完作业的吗？"保姆说："没有，看了一上午电视，因为没有写作业，所以不敢下楼玩，就在家里玩，现在刚进去写，知道你要回来了！"听完这些话，我这火就又上来了，然后又会冲到他的屋里"教育"他一通！说的话无非是，要抓紧时间做，很快就能做完，就可以下楼玩了，如果在上午就做完，还可以奖励多玩1小

式：提醒、催促、警告、奖励等，不仅没有改善泽泽的学习习惯，反而激起泽泽的逆反情绪。

妈妈用自己的猜想代替孩子的想法，进而生气，说一些气话，专注于情绪的发泄，忽视了问题本身：帮助孩子主动学习。

妈妈总是看到泽泽不好的行为，忽视了泽泽"正在写作业"这个好的行为（而且是未经妈妈提醒，主动写作业），并且重复和早上一样的行为模式：关注泽泽不好的行为——生

时游戏机。有时我很生气，就会说一些以后再也不要玩游戏机的话。他也很生气，说是作业太难了，字太多了，能不能不写日记之类的话，我更是气不打一处来，这孩子就是畏难情绪严重！

　　每天都要重复这样的对话，每天都是一肚子气，我也非常痛苦。这样的孩子，我应该怎么办呢？

气、提醒、警告、奖励

豆豆妈妈诊断

　　泽泽的行为表现要从孩子的行为目的、问题所有权、行为习惯的养成以及妈妈的情绪控制等方面来分析。

　　行为目的：孩子有任何行为都是正常的，每一个行为也都有两面性，泽泽好的行为经常被忽视（比如泽泽未经妈妈提醒主动写作业），而不好的行为总是被关注（泽泽上午没有写作业），并伴随妈妈强烈的情绪反应，泽泽不好的行为因被关注而有增无减。

　　妈妈的情绪：妈妈像个高压锅，从早上起床到晚上下班，一触即发。在妈妈的"教育"过程中（应该是"教训"），泽泽也生气了，无处发泄的泽泽像个气球，不可能有好的行为表现，更谈不上主动学习了。

　　问题所有权和行为习惯：泽泽从洗脸、刷牙、吃饭等生活习惯，到学习、写作业等学习习惯，都处于被动行为状态。原因在于这些都属于孩子的问题，需要孩子主动完成，自己负责任。尤其是学习的事情，妈妈更不可能包办代替。问题所有权的混淆导致妈妈和泽泽的沟通模式基本是：妈妈提醒、催促、警告—孩子被动应答，久而久之，泽泽形成被动行为习惯：提醒催促—孩子做事，缺乏主动性和责任感。

父母要用行动而不是唠叨来帮助孩子"知行合一"

　　针对泽泽的行为分析，首先建议妈妈减少对泽泽不好行为的提醒、催促、警告等，这些方法只能使泽泽不好的行为暂时停止，稍后又会开始，不能从根本上改善泽泽的行为。妈妈要把更多的精力放在泽泽好的行为上（未经提醒自己写作业），忽视泽泽不好的行为（没有在上午写作业），泽泽好的行为因被强化而保留，不好的行为就没有发展的空间了。

其次，面对泽泽的种种行为，尤其是泽泽被动的行为习惯，妈妈要控制自己的情绪，心烦、生气是很正常的，不要对泽泽发脾气，也不要说气话和不可能做到的事情，比如"妈妈没了"、"再也不要玩游戏机"等。此时妈妈的"教育"更多的是一种情绪发泄，忽视了母子两个面对的主要问题：帮助泽泽养成主动的行为习惯。这时候，妈妈要做到"一离二吸三凉水"，先离开泽泽，独自待一会儿，可以深呼吸、用凉水洗脸，也可以运动、听音乐等，转移注意力，目的在于让自己的情绪平静下来。情绪稳定后，妈妈再和泽泽讨论问题的解决办法，此时才有可能进行有效沟通。

然后要分清问题的所有权，相信孩子能够为自己的事情负责任，包括洗脸、刷牙、吃饭、学习等，并和孩子约定相应的行为结果：完成后的奖励，以及完不成的处罚。不要一味地给孩子讲道理，道理讲一遍就够了，关键是孩子如何能做到，并养成好的行为习惯。

少说多做，用行动来帮助孩子"知行合一"。比如学习习惯，首先和泽泽讨论后列出一天要做的事情（如果妈妈和泽泽的意见不同，要先尊重泽泽的意见），清晰地写在纸上。然后告诉泽泽完成一项获得一颗红星，没完成的项目得黑星；红星和黑星相抵（注意：每天的红星要多于黑星，如果总是黑星多，要咨询相关机构）。规定每颗红星可以换取的游戏时间（比如5~10分钟等），每天兑现，并对孩子好的表现给予鼓励和肯定。

孩子的成长是曲折的、螺旋式上升的过程，不是一帆风顺的，孩子行为习惯的养成需要一个过程。开始的时候只是行为层面的变化，也就是需要孩子努力才能做到，或者说是为了获得红星玩游戏，这需要耗费孩子很多的能量（这也是孩子需要鼓励和肯定的原因）。如果孩子行为出现反复，表明孩子能量耗尽，需要加油了！父母要对他的反复有心理准备和充分的理解，这时候更需要父母老师的宽容、鼓励、肯定。

这个过程是漫长的，也是考验父母情商和耐心的过程。只要坚持3~6个月，这样的好行为持续一段时间，就能形成习惯。习惯养成后，基本不会反复，因为习惯是一种自动化的过程。

5 眼睛"掉"进电视里的男孩

姓名：军军

性别：男

年龄：11岁

学龄：五年级

简介：11岁五年级男孩，什么都好，就是爱看电视，慢慢吞吞，让人着急。有一天，军军吃过晚饭就开始专注地看电视，几次提醒他都不理不睬的，一直盯着电视，眼睛都快"掉"进去了，忍无可忍的我怒气冲天，快要爆炸了："好，你看吧！8点之前不许写作业！"我和儿子都很生气，儿子转来转去，像丢了魂。我的心也和他一起荡来荡去，没有着落。我为什么要发那么大的火？

妈妈的叙述与疑问

军军活泼可爱，我特别喜欢他，老师也对他挺好的。在学校里，他是班里的好学生，考试基本上都是前五名，在区里的作文比赛还得了二等奖。就有一个毛病，特别磨蹭，爱看电视。

每天5点左右放学回家，这里看看，那里摸摸，游荡来游荡去的，无所事事，直到6点吃饭。我也能理解，在学校待了一整天，挺累的，回家后放松一下无可厚非。可是晚饭后应该赶紧写作业，他却还是慢吞吞的，我特别生气，常常提醒很多次才行。

昨天晚上，他吃过晚饭就看电视，还特别专注。我一看他还不赶紧写作业，气就不打一处来。

豆豆妈妈印象及评价

军军是个好学生，妈妈对他有很高的期待。

看来妈妈是控制型父母，他们希望孩子所有的时间都用来学习，只要孩子休息，他们会觉得不舒服。

"你要看到多长时间？"我很不高兴，但是尽量平静地问他。其实我不是想问他看多长时间，我只是提醒他该写作业了。

"看一会儿。"他心不在焉地回答我，眼睛根本没有离开电视一秒。

那就让他看一会儿吧，我也劝自己。

5分钟过去了，军军没有停下来的意思。"赶紧写作业吧。"我提醒他。

"哎。"他答应着，一动不动。

10分钟过去了，我的怒火腾腾跳跃，大声说："快点吧，该学习了！"

"嗯！"儿子言不由衷，继续看他的电视，半天才慢慢站起来，一步三回头，又站住了，盯着电视，眼睛都快"掉"进去了。

我盯着他，怒气冲天，快要爆炸了："好，你看吧！8点之前不许写作业！"咬牙切齿的我愤怒走开了。

"妈妈，我去写作业了！"儿子打开书包。

"不行，我说过了，8点之前不准写！"我按住儿子的手。儿子挣扎了几下，毕竟没有我的力气大，放弃了。

"为什么？那我干什么？"儿子不满地盯着我，"我的作业该写不完了，明天老师批评我怎么办？还得找家长呢。"还想威胁我，没门！

"不准看电视、不准玩游戏，想干什么，就干什么。"我也没好气地给了他一句。

这一个多小时，我和儿子都很生气，儿子转来转去，像丢了魂。我的心也和他一起荡来荡去，没有着落。我为什么要发那么大的火？

孩子不理解父母的话外音，不知道妈妈在提醒他应该写作业了，也不知道妈妈已经不耐烦了。其实，与孩子沟通一定要直接、简单明确。

孩子不学习的时间里，妈妈度秒如年，难熬啊！

妈妈忍无可忍，终于爆发了！

儿子似乎已经习惯了妈妈的"怒火"，对此并不在意啊。

妈妈的权威受到极度挑战。

以大压小的方法只能暂时起作用。

双输！

豆豆妈妈诊断

当你有了孩子，你就有了问题。孩子成长中会遇到各种各样的问题，哪些问题应该由父母（作为监护人）承担，哪些问题应该由孩子负责，必须清楚明确，才能培养孩子的责任感和独立性。否则，父母包办代替一切，不分青红皂白地控制孩子的所有事情，从生活琐事到学习习惯等，孩子没有机会学习和锻炼自己的能力。长此以往，孩子不仅缺乏必要的自理能力，而且感到被控制、没有自由而愤怒，伤害亲子关系；同时，父母控制孩子，也会遇到孩子的反抗（消极反抗，如磨蹭，或者顶嘴、发脾气等），以及更加不合作。

问题所有权判断的标准很简单，遇到与孩子有关的问题，父母要问自己：1. 这个问题是否干扰到我（父母）的生活？2. 这个问题是否对孩子或他人有危险？如果您对两个问题的回答都是否定的，那么这个问题就应该由孩子来负责，比如孩子有一顿饭不吃、孩子挑食、孩子起床慢、孩子不收拾房间等；如果您的任意一个问题的回答是肯定的，这个问题就是应该由父母来负责任的，比如孩子过马路不走人行道、孩子玩火、孩子使用工具后不放回原处等。

儿子不写作业，妈妈为什么生气？这里就涉及问题的根源，即"写作业"这件事应该由谁来负责任，换句话说，谁是事件的直接执行者。通过以上两个问题的提问，我们知道儿子不写作业没有干扰到父母的生活，对儿子和他人也没有危险，这个问题是儿子的，应该由儿子来负责任。妈妈生气，表明妈妈承担了应该由儿子承担的责任，不仅解决不了问题（妈妈不可能自己去写作业，儿子没有学会主动完成作业的能力），而且儿子因被控制而生气、逆反，争取权利的欲望萌芽。只是他现在没有妈妈力气大，只能屈服。试想，如果他再长大一些呢？

分清问题根源，培养孩子责任感

妈妈遇到与孩子有关的问题，首先判断问题的根源，如果是孩子的问题，应该交由孩子负责。写作业是儿子应该承担的，妈妈可以用行为结果的方法处理。

　　行为结果包括自然的行为结果和合理的行为结果，比如，看到儿子慢吞吞，只要提醒儿子上床睡觉的时间（事先规定好的，这是父母的问题，应该由父母承担，因为晚睡影响孩子的身体健康，对孩子有危险），到点就要关灯睡觉；到了睡觉时间，如果儿子没有完成作业，父母断然关灯睡觉，儿子的情绪反应将会很强烈，因为第二天老师要批评他，好学生肯定怕老师的批评（不怕老师批评的要用其他方法），这是自然而然发生的结果。这时候，要给儿子机会进行选择，即问儿子"到睡觉时间了，你是现在不写完作业、关灯睡觉，还是继续写完，但是明天要6点半开始写作业（吃晚饭就写）？"（注意态度要平静，语气要坚定）给孩子有限度的选择，这是合理的行为结果方法。通常儿子会选择第二个，妈妈可以继续问："怎么保证到点就写作业呢？你一看电视就忘了时间。"儿子会想出办法，比如用定时器帮忙，或者请妈妈提醒等。同时约定如果没有按时写作业要接受的处罚，比如晚开始几分钟，就减少几分钟游戏或电视时间等。这样既避免了亲子冲突和控制反控制，也让儿子自己承诺第二天及时写作业。

　　孩子对自己的承诺通常会遵守，即使没有完全遵守，父母也不必大动干戈，孩子只要按照约定的处罚接受行为结果即可。孩子的成长需要时间和过程，只要父母把孩子的问题还给孩子，相信他们，让他们有机会体验自然和合理的行为结果，孩子自然学到责任感，主动对自己的学习负责。

🌿 **6** 明知故犯为哪般

妈妈的叙述与疑问

楚楚是一个天真活泼的孩子，并不是像她的外表所表现出来的那样让人觉得能说会道、八面玲珑。她的性格非常阳光，胆子大且好奇心强，没什么让她发愁的事，即使犯了错误，挨了批评，一会儿也就烟消云散了，所以我觉得她内心没什么压力。

楚楚权利欲望比较强烈，喜欢拔尖，也有能力领导同学。是非观念也比较强，知道什么是对的，什么是错的，但自控力较弱，很难管住自己，是个典型的大脑不能支配行为的孩子。在学习上不踏实，缺乏细心、认真和耐性，但是反应敏捷，上课思维活跃，学习还算不错。

我们一直认为只要孩子不犯原则性错误，基本上不干涉她的言行，即使有一些问题，也是以

豆豆妈妈印象及评价

楚楚印象1：阳光女孩

楚楚印象2：偶有知行不合一

讲道理、说服教育为主，希望孩子在一个比较宽松的环境下长大。即使孩子的某些言行有时让家长在外人面前难堪，我们也不会因此去教她如何在大人面前表现自己，孩子就应该像个孩子，我不喜欢小大人似的孩子。

去年春天，楚楚在下课的时候和同学一起去学校旁边的小商店买东西，柜台前围了很多同学，她向售货员要了一袋朱古力豆，并问多少钱（我们平时不给孩子零用钱带在身上），这时她的同学买完东西催她快一点走，她当时想把这袋朱古力豆还给售货员，叫了几声，由于学生多售货员没理会她，随后她私自将朱古力豆偷偷地装进了自己的兜里。

后来老师知道了这件事，让孩子将事情的原委告诉了我们。事后我带她到小商店，向售货员道歉，并将朱古力豆以双倍的价格进行了赔偿。又带她到老师那里，说明了解决这件事情的方式方法，并向老师做了深刻的检讨。

今年四月，有一次上课时，她旁边的同学偷着吃薯片，禁不住诱惑，她向同学要了一片薯片吃，被老师发现了，老师让她将事情的经过和想法写下来给家长看，我们和班主任进行了电话沟通，并给老师写了一封信，感谢老师的细心和责任心，发现错误及时指正。

我们家并不缺零食，除了糖和膨化食品，基本上不限制。我当时特别生气，觉得尤其是女孩子，如果这点诱惑都经不住，以后肯定要吃大亏，所以这次我动手打了她几下。

就在本周二下午的一次数学竞赛考试中，她和同学传字条求问一道数学题，被老师无意间发

如何在宽松和规矩之间找到合适的平衡点，是父母教育的关键。

需要建立规矩（关于界限）：未经他人同意不可以拿属于别人的物品，同时培养孩子"延迟满足"自己需要的能力，即自制力。

让孩子承担行为的结果：道歉、赔偿、检讨。

和老师有效沟通非常重要！

妈妈表面上严厉惩罚了"偷吃薯片"的行为，实际是担心楚楚"将来"吃亏。

知错就改是多么闪光的优点啊！

现在一块橡皮上写有数学题，老师在课上询问有谁传字条，她第一个举手承认了错误，在她的带动下，课后又有十来个同学陆续向老师承认了有传字条的错误行为。老师让她将经过和想法写了下来，让家长签字。

经过询问，在做这些事之前她都知道是错的，只是不知道犯的错误性质有这么严重。接二连三的这几件事，让我感到很困惑、很苦恼、也很自责，感到自己没有教育好孩子。

我常想，别的孩子和她一样在同一所学校读书，同一个班级生活，为什么别人不敢做的事她都敢做，没做过的事情她都想尝试。我感到这孩子对任何事都没有敬畏之心，没有道德底线，缺少规则、约束力和自控力。其实关于这些道德标准从幼儿时期我们就在不停地灌输给她，实在是不明白在这个孩子身上怎么一点作用都没有。这一代的孩子是怎么了，我们想都不敢想的事情，她竟然做了。

知行合一需要时间，也是行为习惯养成的过程。

在惩罚、抱怨孩子错误的同时，更重要的是如何培养孩子敬畏之心、道德底线、规则、约束力和自控力。

豆豆妈妈诊断

妈妈认为一个健康阳光的女孩应该能抵制各种诱惑，必须避免犯错误。当女儿出现以上严重不幸事件时（近一年来的朱古力豆、薯片、橡皮事件，妈妈认为孩子"如果这点诱惑都经不住，以后肯定要吃大亏"），妈妈感到无法容忍，怀疑自己一贯的教育方法，困惑、苦恼，甚至生气、自责。

宽松和规矩本就是一对矛盾，妈妈为女儿提供宽松的成长环境，造就了楚楚天真、活泼、阳光、好奇、胆大、敢做担当的性格，同时忽视了规矩的建立和孩子自制力的培养，忽视了知行合一的原则（知道不等于做到）和习惯养成的原则。

楚楚是非观念强，知道哪些事情能做，哪些事情不能做，却在行为上屡次违背，知行不合一，这正是孩子成长中的必然。孩子的成长包括两个方面，一是知识的学习；二是体验的过程。

妈妈通过灌输、讲道理等告诉楚楚是非观念（"在做这些事之前她都知道是错的"、"这些道德标准从幼儿时期我们就在不停地灌输给她"），并因此希望孩子永远做出正确的行为。而当楚楚接二连三地犯错误，不断冲击规矩和道德底线，妈妈采取的是批评、指责、惩罚楚楚，严厉地告诉楚楚不能这样做，没有从根本上（行为上）帮助楚楚建立规矩、延迟满足需求、控制自己的冲动欲望等。妈妈忽视了孩子成长只有知识是不够的，还要加上体验的过程，这个过程是帮助孩子不断修正错误的过程，仅仅惩罚孩子远远不够。

孩子不能抵制诱惑是因为缺乏自控力

当你有了孩子，你就有了问题，这是作为父母的基本前提。当孩子出现任何的问题时，父母首先要想到教育的机会来了，要把精力放到如何帮助孩子解决问题上，不要仅仅抱怨、指责、内疚、生气。

帮助楚楚提高约束力和自控力，其核心是培养楚楚抵制诱惑、控制冲动、延迟满足自己需求的能力，首先要帮助楚楚建立规矩的概念，并养成良好的行为习惯。

建立规矩首先要在知识层面告诉楚楚"未经他人许可，不可以动别人的物品"，商店里的物品，没有付钱就是没有经过许可。

然后当楚楚在行为上第一次违背这个规矩时，妈妈也不要如临大敌，只要让楚楚体验相应的行为结果：楚楚自己道歉、接受罚款（用孩子的零花钱分期付款，如果是妈妈付罚款，对楚楚就没有警示作用）。并和孩子约定如果第二次违背的时候，就要加倍惩罚，比如加倍罚款、写检讨等，让孩子有尊严地接受自己行为的结果，这种惩罚对于改善孩子的行为更有效。

最后，当孩子承认错误时，要鼓励孩子的诚实，不要严厉责罚。因为当孩子意识到自己的错误时，内心会有一种内疚，这种内疚将产生极大的动力，让孩子发自内心地改善行为。如果孩子被严厉惩罚，他的内疚消失了，反而因逆反而产生更严重的错误行为。

　　在楚楚不断地冲击规矩、接受惩罚的过程中，妈妈一定要把孩子和错误行为分开，让孩子有尊严地接受惩罚，即惩罚应该和行为相关，不要伤及孩子的自尊。比如朱古力豆、薯片、传字条事件等，不要说孩子道德有问题，而要让她的行为接受相应的惩罚，可以是罚款、没收薯片、减分等。这样才能帮助孩子建立规矩，在行为上自觉遵守，而不是因为害怕而不敢做。

7 生了锈的"木偶人"

姓名：琳琳

性别：女

年龄：11岁

学龄：五年级

简介：琳琳都五年级了，可是无论让她做什么，总说"等会儿"，这一会儿不知是多久，可能5分钟，也可能1小时。因此，我一听到她说"等一会儿"就有气。琳琳从不主动写作业，吃完饭就看电视，没完没了的，你不叫她，就会一直看下去，作业总是写到很晚，严重的睡眠不足，第二天早上不爱起床。感觉这孩子就像个生了锈的"木偶人"，拉几下线，才动一下，不拉线，就一点也不动。

妈妈的叙述与疑问

总是听到说习惯决定了一个人的性格，性格决定了一个人的命运，也就希望孩子可以养成一些好的习惯。琳琳有很多好的习惯，比如爱看书、爱学习、爱动脑、爱动手。但也有不少的坏习惯，如不爱做家务事、爱看电视、挑食，经常给自己找借口，最大的坏习惯就是爱磨蹭。为了改掉她的这些坏习惯，我们之间不知发生过多少次战争，用她的话说是：一天一小吵，三天一大吵。

琳琳都五年级了，可是无论让她做什么，总说"等会儿"，这一会儿不知是多久，可能5分钟，也可能1小时。因此，我一听到她说"等一会儿"就有气。去卫生间，她总是捧着本书，

豆豆妈妈印象及评价

妈妈用"吵"来解决琳琳的磨蹭，看来没有效果啊。

"等会儿"虽然招来责骂，却比没人理好得多，而且还可以逃避劳动呢。

如果不催她，她能把厕所当书房，坐在马桶上把一本书看完都不出来，然后在里面叫我给她换本书。我要不催，她就不动，没有紧迫感，懒懒散散的，我常常特别生气。

琳琳早上起床，不叠被子，不洗脸刷牙，直接就坐在餐桌吃饭。让她去收拾房间，洗漱后再吃饭，她就说"等会儿"，根本不动，还继续吃。"等等等，等到什么时候？要等到迟到吗？"直到我大声吼她，才不情愿地慢吞吞起立，有时候就来不及吃早餐了。早上我都是算计好时间才叫她起床的，就想让孩子多睡会儿，哪有给她磨蹭的时间啊，看到她不急不缓的样子，我都气不打一处来，战火时有发生。

琳琳在家从来不主动收拾房间，用完的东西随手放，灯也不关，自己的屋子很乱，东西放得乱七八糟，屋子里都没有下脚的地方了。我每次提醒她收拾一下，她就说"等会儿"，我看不过去，就帮她收拾了，一边收拾，一边唠叨（怎么把屋子又弄乱了，到处是纸屑、橡皮屑，又在房间里吃东西了，告诉过你多少次了，不要在房间吃东西……）。

有一次，我正说着，她烦了，对我说："妈妈，我也没有让您收拾啊！是您自己愿意收拾，就别唠叨了，烦不烦啊！我都听不清磁带了！"哼！什么态度！我气坏了，决定不帮她收拾了。

结果有一小段时间，琳琳表现好点，早起知道叠被子了，尽管叠得不是很好，我还是挺高兴的，有时候帮她整理一下，但是好景不长，她还是乱扔东西。如果有客人来，尤其是有同学来，琳琳就会收拾得很整洁。

> 琳琳被动做事，总是等待，对妈妈的提醒、大吼早已经习以为常了。

> 看来妈妈的劳动没有得到应有的感谢，反而招来抱怨。

> 琳琳主动叠被子并没有得到妈妈的肯定，就放弃努力了。

> 学习和生活联系紧密，生活上乱七八糟，学习上也难有认真的态度。

琳琳的学习习惯也非常不好，偏科，对喜欢的科目，比如画画，非常认真，也画得很好，还得过奖；对不喜欢的科目态度不认真，比如数学，完全不怎么上心。马马虎虎，粗心大意，数学从来没有考过满分，就是因为每次没审清楚题就做，或者是把加号看作乘号，丢三落四的。

琳琳从不主动写作业，吃完饭就看电视，没完没了的，你不叫她，就会一直看下去，作业总是写到很晚，严重的睡眠不足，第二天早上不爱起床。我催她赶紧写作业，叫一两次根本没有用，她老是说"等会儿"。有时候，我急了，就直接把电视关了，她气呼呼地去写作业，我也挺生气的，还会唠叨几句。

> 作业总是要完成的，多看一会儿电视，就能少睡一会儿觉，孩子通常不爱多睡觉。

感觉这孩子就像个生了锈的"木偶人"，拉几下线，才动一下，不拉线，就一点也不动。赶上我心情好时，就多提醒、催促她几次，她也总是说"等会儿"，然后慢慢腾腾地去做，我都习惯了；要是我心情不好，尤其是早上，时间匆忙，常常爆发战争，我都烦透了，什么时候才是头啊！

> 这个孩子缺乏主动性和对自己负责任的态度。

豆豆妈妈诊断

从琳琳洗脸、刷牙、叠被子、收拾房间、关灯等生活习惯，到写作业等学习习惯，妈妈都要催促，琳琳总说"等会儿"，妈妈高兴了就代替琳琳做了，当然免不了唠叨、指责；妈妈不高兴，或者代替不了时（比如上学、写作业、考试等）就生气大叫，抱怨琳琳不负责任，缺乏主动性。

妈妈在抱怨的时候，是否想过这个被动的琳琳是谁培养的？要知道，孩子的责任感、主动性是后天教育的结果，不是天生的。如果妈妈认为琳琳缺乏主动性，没有责任感，就要先问自己是否有意识地培养琳琳良好的习惯？

琳琳从小到大，早已经习惯于妈妈安排自己的时间，自己没有目标，也没有自主性，不必对自己的行为负责任，她只是完成妈妈的指令而已，认为是为妈妈做事的。随着琳琳的成长，妈妈认为琳琳应该对自己负责任了，却忽视了自己一直剥夺了琳琳为自己负责任的机会，从未认真培养过琳琳的主动性，反而因为琳琳没有按照妈妈的要求做而抱怨、指责琳琳，激起琳琳的逆反、不合作。

母女俩的这种沟通模式持续了很久，妈妈总是提醒、抱怨、指责，琳琳总是"等会儿"被动，生活上妈妈可以包办代替，但是学习上妈妈没有办法代替琳琳，需要琳琳主动而为。这种行为模式的冲突达到顶点后，就会爆发争吵。

从生活小事培养孩子责任感

培养琳琳的责任感和主动性要从妈妈做起，妈妈首先要分清楚问题的根源，哪些事情是孩子应当承担和解决的，比如吃饭、穿衣、学习等，哪些问题是由父母负责任的，比如安全、健康等。父母应当把孩子的问题交给他自己去解决，父母只是从旁辅助，不可以包办代替，剥夺孩子学习责任感的机会。

对于孩子的问题，父母和孩子要一起探讨问题解决的办法，并引导孩子制定改变的策略和步骤，目标宜小（标准要放低），孩子容易达到，父母及时肯定，让孩子享受到成功的快乐和建立自信心的乐趣，比如琳琳自己叠被子，妈妈应该鼓励琳琳做事的主动性，不要把焦点放到被子叠得是否整齐上，因为当妈妈重新整理时，也是在否定琳琳的努力。孩子刚开始学习一件新事物，做得不那么完美是正常的，关键是做事的积极性和主动性要被激发出来。多次练习，必然越走越好。

如果孩子没有按照事先的约定行事，父母也不要生气，只要让孩子承担自然的行为结果，比如，东西乱放，找不到物品是自然的行为结果，孩子自己承担，如果孩子抱怨父母，父母只要平静地说这是你自己的事情，或者孩子答应好好摆放物品，父母可以协助他，切忌一边帮忙找，一边抱怨和唠叨。

如果孩子的行为影响到父母的生活，比如不关灯，孩子要承担相应的电费（事前约定数额，不宜太大，以孩子接受的程度为佳，前提是孩子有自己的零用钱）。

　　永远给孩子学习的机会，也要给孩子犯错和改正的机会，比如父母要给孩子机会学习收拾屋子、用完的东西放回原处等生活细节，在这个行为习惯的养成中，父母要把目标分解，从小到大（从低到高），重视孩子的努力和付出，不要盯着结果是否完美，少批评，多鼓励，让孩子体验成就感而愿意重复这些事，长此以往，自然形成好习惯了。

　　具体的做法因人而异，总的原则是一样的，父母一定要少说多做，态度要坚定温柔，这样才可以真正帮助孩子养成良好的学习和生活习惯。

8　上小学后的烦恼

姓名：淘淘

性别：男

年龄：7岁

学龄：一年级

简介：儿子刚上一年级，在家里他的表现挺好的，能够主动写作业，因为有我的监督，他自己也可以按事先规定好的时间独立完成，我俩相安无事。可是，一到学校就不是他了，老师三天两头给我打电话叫我去学校，说他不能按时完成课上作业，还不认真听课，有时候扰乱课堂秩序，说了也不听……我该怎么办？

妈妈的叙述与疑问

我儿子刚上一年级，在家里他的表现挺好的，能够主动写作业，因为有我的监督，他自己也可以按事先规定好的时间独立完成，我俩相安无事。

可是，一到学校就不是他了，老师三天两头给我打电话叫我去学校，说他不能按时完成课上作业，还不认真听课，有时候扰乱课堂秩序，说了也不听……我该怎么办？

每次老师告状后，我都和他认真谈，他什么都明白，也答应要遵守课堂秩序，可是，到学校就不能管住自己，我都烦死了。

其实，儿子一上小学，每次放学回家，我都问他在学校表现怎样，他都说挺好的，再问，就说不知道。我挺担心的，因为我们不在他身边，

豆豆妈妈印象及评价

淘淘没有自主性，有人监督才会做事。

在学校，老师要管几十个孩子，淘淘"自由"了。

"知行合一"需要时间和过程。

不知道他上课的表现如何。

　　我的担心是有道理的，从上学前开始，他就上了一个英语学习班。我一般都在后面旁听，发现他不会听老师讲课，一边听一边玩，东张西望，想到什么就说什么，也不怕老师，有时候严重影响老师的教学，我在后面干着急，有时候免不了干涉一下，真的很烦人。

　　我觉得儿子上了小学以后，比幼儿园的问题多了好多。首先是不怕老师，不管老师说什么，他总有理，特别会为自己狡辩，老师就认为他特别难管。其次是上课注意力不集中，老师每节课都讲新知识，如果不会听课，那么课后再怎么补都无济于事。老师们都说："这孩子很聪明，就是上课管不了自己！"

　　儿子在上一年级前我们也没教他写字，老师要求每天抄作业和写文章一篇，所以他写字就比较慢，要一笔一画地慢慢教。在家里，我对他很宽松，所以没有困难。但是在学校，别的孩子都很快完成了，我儿子做得就很慢，加上他自己不认真，又拖拉，所以在学校总是显得很被动。本来我挺有耐心的，老师告状后，我也失去了耐心，被他弄得脾气很差，难免对他大吼大叫，打他几下。我也知道打骂没有用，可是讲道理也没有用啊，该用的招数我都用了，儿子依然不改。

　　开学都快两个月了，可是他还没能养成良好的学习习惯，自制力很低，考试成绩也不好，真着急，我该怎么办！？如何帮助儿子尽快度过这个适应期？我很苦恼！

淘淘一直以来就是在学校和家里表现不一样，妈妈没有系统的方法帮助孩子。

淘淘的行为问题严重影响了学校的生活，以及老师对孩子的印象。

妈妈的情绪也受到老师的影响，更多关注淘淘的不当行为，致使淘淘的表现更差。

豆豆妈妈诊断

　　淘淘在家与在学校表现不一样，一方面说明他缺乏统一的自我概念和自我认识，自信心低；另一方面说明家长和老师不了解孩子的行为目的，对孩子的关注和反应出现偏差。

　　健康的自我概念和自我认识对培养儿童与青少年的情商和良好的行为习惯而言是相当基础且重要的课题。唯有一个人能够认清自己、接纳自己，建立自信，他才有能力表现真实的自己，去认识别人、肯定别人，与他人建立良好的人际关系，从而建立尊重、互助、欣赏的人我概念。

　　我们知道，孩子成长的动力是归属感（一席之地），包括被父母肯定和对家庭有所贡献。孩子说的话、做的事情都是有行为目的的，都是为了获得归属感。凡是能够被关注的行为就会保留下来，包括被肯定和被批评的行为；凡是被忽视的行为，就会被淘汰。

　　淘淘在学校调皮、在家里乖巧，表明他正在形成自我概念和自我认识的关键期，对自己的认识不稳定，他是根据父母和老师的反馈来表现和行动的，目的是获得归属感。淘淘在家里用好的行为获得妈妈的肯定，在学校用调皮捣蛋的行为获得老师的关注。

　　这种不一致的行为反应对孩子的成长非常不利，难以形成稳定合一的自我和行为习惯，不仅造成自我概念的混淆，而且也不利于形成良好的行为习惯，导致孩子学校适应不良。

家长和老师的反应影响孩子的自我概念和自我认识

　　为了改善淘淘的行为，家长首先要了解孩子的行为目的，帮助孩子建立正确的自我概念，正确认识自己，增强自信心。

　　为了帮助孩子正确地认识自己，建立健康的自我概念，家长可以和孩子进行以下的步骤：

　　1. 和孩子玩"我是谁"游戏，让淘淘对自己的认识更清晰，例如，妈妈可以说"我是妈妈，你是谁？"孩子说"我是小学生，你是谁？"直至有人停顿就算输了，事前约定相应的惩罚，比如"刮鼻子"（增加趣味性）。

2. 至少完成3句话，如果没有达到这个数量，可以继续玩。

3. 孩子完成的句子里应该包括在家里和在学校的角色，如果没有，家长要引导，可以问"在家里你是谁"或者"在学校里你是谁"。

4. 然后讨论每个角色的行为规范，包括在学校和在家里的，比如：

· 小学生在学校的行为规范

（1）上课认真听讲，眼睛看着老师

（2）举手回答问题（不接下茬）

（3）下课轻声细语（不大喊大叫）

（4）慢走不跑（不追跑打闹）

（5）未经同意不触碰同学身体

（6）未经同意不拿同学文具、书本

（7）请别人帮忙后要说"谢谢"

……

· 孩子在家里的行为规范

（1）进门叫人（爷爷奶奶、爸爸妈妈、姥姥姥爷等）

（2）书包放整齐

（3）洗手换衣服

（4）认真写作业

（5）整理书包文具

（6）吃饭不挑食

（7）请别人帮忙要说"谢谢"

（8）帮助家人做一两件家务，比如摆饭桌、拿筷子等

……

5. 约定奖励和惩罚措施，以及奖励机制（参考以下星星表）

星星伴我成长（学校篇）

孩子姓名：_____　　　　　　　日期：_____年___月___日

本周任务： 家里和学校表现一致

	星期一	星期二	星期三	星期四	星期五	星期六	星期日
☆☆☆							
红星☆数量							
换礼物							

星星表（星星换礼物，不建议换钱）

1. 3颗星换一张小贴画

2. 5颗星可以换五星级服务（与爸爸妈妈住一个房间）

3. 10颗星换……（礼品、玩具、服务、游玩、电视时间、游戏时间等）

使用说明：共分为两个阶段

第一至第二周：规矩建立和行为习惯初步养成（只给红星，不给黑星）

1. 前四周可以用这张表，每周准备一张表。

2. 根据"小学生在校的行为规范"，孩子每天做到的行为就给红星，没做到的只要告诉孩子如何做，不必给黑星，不要特别强化孩子做得不好的行为（忽视）。

3. 对于孩子的好行为，除了给红星外，还要用积极正向的话语描述孩子的具体行为，并给予鼓励和肯定。比如家长可以说："你今天在学校上课认真听讲，干得好！加一颗红星。"或者说"你今天是怎么做到的？"让孩子有成功的体验，感受被人肯定的成就感；不要说："如果你不认真听讲，就没有红星。"

4. 每天计算孩子的红星数量，并鼓励孩子坚持，一周可以换礼物。

5. 遇到没有约定的情况，家长可以和孩子商量，如果没有原则问题，请尊重孩子的建议，并根据执行情况进行调整。

从第三周开始：行为习惯巩固阶段（红星+黑星），孩子每天做到的行为就给红星，没做到的给黑星，红星和黑星相抵消，每天的红星必须多于黑星；如果黑星多于红星，说明家长评估标准过严，就要重新制定评估标准。

星期一	星期二	星期三	星期四	星期五	星期六	星期日
☆☆☆ ★						
红星数量						
黑星数量						
有效红星数量						
换礼物						

备注:

1. 在行为习惯形成和巩固的过程中,最重要的是孩子的合作态度;如果孩子认为星星表是家长为了管自己设定的,就失效了;如果孩子认为星星表对自己有利,比如可以换礼物、换游戏时间、上网时间、旅游等,他会更加合作,星星表才会发挥作用。

2. 为了让孩子愿意执行星星表,如果孩子违约,家长要做到:

(1)态度平静,如果生气,不要对孩子唠叨、生气、发脾气等;

(2)语气坚定,按照事前约定给黑星,或者相应的约定惩罚,比如减少游戏时间等;

(3)如果孩子强烈抗拒,感到不公平,情绪激烈,或者伤心难过,教育机会来了!家长可以平静地说:"看起来你觉得不公平,今天先不谈论这件事,也先不惩罚,等周末咱们约个时间重新制定规则。"

(4)当父母这样说的时候,孩子感到被接纳和尊重,情绪大大缓解,这种以退为进的战略一定会赢得孩子的认同与合作。

🌿9 见着困难就绕着走

姓名：小刚

性别：男

年龄：11岁

学龄：五年级

简介：小刚常常莫名其妙地闹情绪，比如高高兴兴从暑假夏令营回来，一会儿就不耐烦了，我很耐心地问长问短，他却是一副不情愿、不高兴的样子，旁边的爸爸看着就发脾气了："你怎么这么不知道感恩，我们为了你暑假能过得充实，花时间花钱为你创造旅游、夏令营的机会，可你回来就这样子给我们吊着脸，你妈那么耐心地说话，你看你的样子！"这种情况常常发生，总是让人很扫兴。

妈妈的叙述与疑问

我觉得小刚最大的问题就是遇到困难没有迎难而上的决心，也可以说是好胜心不太强！还有就是情绪化太严重，动不动就不高兴了，我们都不知道怎么回事，常常是高兴而去，败兴而归。

比如说乒乓球，他上过训练班，水平虽然不是太高，也还可以。但是他却只敢和我们对打，因为我们会让着他，或者说即使输了也不丢人，遇到一点都不会的小朋友，他就敢和人家玩，有时还会捉弄人家；只要知道别人会打，就不敢和人家玩了，找借口说不想玩，害怕输，连试一下都不敢。小朋友要和他打乒乓球，他就和人家藏猫猫，就是不接招。我总是说，你不是会打吗，和他玩一会儿吧！他就说，我不想打球！我想玩

豆豆妈妈印象及评价

知难而上是需要培养的能力，不是天生的。小刚的情商正在发展中，情绪不稳定，这都是正常的反应。

小刚害怕输，表明小刚对结果更重视，忽视了过程的享受，对自己没有信心。

藏猫猫，想玩打仗……可能是他不喜欢有竞技的东西吧，觉得藏猫猫之类的没有输赢之分。

事后我给他讲道理，你不和别人比，也不等于你比别人强啊！输了就想办法提高自己的水平，而不是逃避。可是每次我这么说，他就说，我没有啊。我就是不想打球，就想玩别的。我觉得他是在找借口，不知道我是不是有点主观了！

这些道理，妈妈一定讲了很多遍了，小刚在理性上能接受，在感性上不能接受，不愿意承认自己害怕失败。

在学习上，他对自己的要求也不高，从来都是说，我这成绩已经不错了，我们班还有不及格的，我觉得他有点太阿Q了！没有高目标怎么能有好成绩呢？我希望儿子遇事不服输，因为我觉得人生中逆境居多，但小刚是"你越说我不好，我就越不好"，非常逆反。

缺乏自信的孩子总是和不如自己的人比较，才找到自我的价值。

他的情绪变化得很快，有时候我都不知道哪句话或是哪个动作惹着他了，他就开始闹情绪。上周他从夏令营回来，开始很兴奋，我们和他一起分享他的感受，对他的成绩鼓励肯定一番。一会儿就感觉他有点不耐烦了，我很耐心地问长问短，他却是一副不情愿、不高兴的样子，旁边的爸爸看着发脾气骂他了："你怎么这么不知道感恩，我们为了你暑假能过得充实，花时间花钱为你创造旅游、夏令营的机会，可你回来就这样子给我们吊着脸，你妈那么耐心地说话，你看你的样子！"我也知道爸爸不应该这样批评他，可是我也觉得小刚好像是太敏感，情绪变得太快，我们经常不知道他怎么就不高兴了，是不是我们太粗心了？

这个年龄的孩子有时会莫名烦恼，自己也说不清，父母应该学会尊重孩子的情绪，不应该控制孩子的情绪，更不应该还以颜色：以攻击性的情绪和语言对抗孩子的情绪。

其实每次我们一变脸骂了他，他也马上就好了，过一会儿就高兴了！可是我总觉得这样很扫兴，大家出去玩，都很高兴，他总是不知怎么就

父母应该允许孩子体验各种情绪，应该帮助孩子理清情绪，学会

开始闹情绪，很扫兴，由着自己来，不能考虑别人的感受，真不知道该怎样处理这种情况，总不能每次骂，每次再讲道理，然后下次还这样，不见效。也许是我心急了，应该给小刚一个时间慢慢懂得呢？

用语言表达自己，不要"吊着脸"。

豆豆妈妈诊断

妈妈说自己小时候比较文静，除了看书，基本上不会什么体育活动，没有别的爱好，长大后怕丢人，什么都拒绝学习。受妈妈的影响，小刚也害怕失败了被别人笑话，认为如果不能赢，就干脆放弃。

我们都知道孩子成长的动力是归属感，或一席之地，他总是希望自己被肯定和接纳（参见"妈妈脸上的晴雨表"）。当小刚确定自己一定能赢（百分之百获得肯定），才会行动；比如和不会打乒乓球的小朋友打球，一定能赢；或者和爸爸妈妈打球（爸爸妈妈经常输）等。当小刚不确定自己是否会赢，只要有输的可能，就不敢行动了，比如不敢和会打乒乓球的小朋友打球。

小刚知难而退的原因在于缺乏自信，过分重视比赛的结果，用输赢作为评判自己价值的标准，忽视了努力的过程，也因此失去很多机会。小刚认为只有赢了才能获得肯定，有价值；输了就会被忽视，没有价值。虽然妈妈多次讲道理，说输赢不重要，但是妈妈自己却怕丢人而不敢尝试新事物，妈妈榜样的力量表明输是不可接受的事情。

小刚情绪不稳定也和父母的反应有关，这个年龄的孩子有时会莫名烦恼，而且情绪发展随着时间由低到高，再由高到低，形成一条倒U形曲线。父母似乎不太接受小刚的负性情绪，并用自己的负性情绪对抗小刚的负性情绪，以至于小刚每每失落不高兴的时候，都会招致父母的责骂，小刚的这种情绪表达（吊着脸）获得了父母的关注，满足了行为目的而保留。

═══ 父母学习积极倾听能够帮助孩子提高自信心 ═══

知难而退、不敢尝试新事物等不自信的行为，以及小刚的情绪化等，对于成长中的小刚都是正常的，说明他正在学习情绪的认识、控制、运用，家长应该给孩子机会体验各种情绪，并游刃有余地掌控情绪，提高情商能力。

首先，爸爸妈妈应该正确认识情绪的特点，了解情绪曲线的规律，接纳小刚的各种情绪，包括高兴、伤心、愤怒等，把控制情绪的权利还给小刚；要了解情绪的传染性，不要因为小刚的情绪低落而指责他，允许小刚的情绪曲线走完；了解情绪的年龄特点，了解预备青春期的孩子情绪变化快而无原因的特点，尊重小刚的情绪。

其次，父母要用积极倾听的态度和技巧，帮助小刚理清自己的情绪，比如"小刚，你看起来有点不开心，你想到了什么？愿意告诉我们吗？"如果孩子不想说，就要尊重他，给他时间独处，不要强求孩子分享他的感受。同时告诉孩子，父母在任何时候都愿意和他分享，愿意接纳他的感受。

小刚的不自信和知难而退，是孩子建立自信的必经过程，重点在于引导孩子重视努力和过程，结果是水到渠成的，是努力的必然。妈妈要停止讲道理，要开始行动，敢于尝试新事物，用行动说明重在参与，享受过程，输赢只是结果而已。通过妈妈的努力，小刚会慢慢改变评价自己的标准，以努力和进步来判断自己的价值，这是自己可以控制的（而输赢依赖于他人的行为，是不可控制的）。他就会更加的自信，也才可能遇到困难努力克服。

🌿10　孤独的小女孩

姓名：瑞瑞

性别：女

年龄：7岁

学龄：一年级

简介：老师给我打电话，说下课时瑞瑞总是一个人待在教室，从来不和小朋友一起玩，也不和同学交流；老师问话，她的声音很小，头低着，不敢看老师，上课更是不敢回答问题。老师怀疑是自闭症，至少是人际关系有问题，建议我带瑞瑞去医院看看。我被这个消息吓蒙了，我该怎么办？！

妈妈的叙述与疑问

女儿是个内向的孩子，刚刚上学。班里很多同学相互之间是学前班就认识的。在班上女儿没有熟悉的朋友，加上她一直以来胆小怕事、不合群、寡言少语，所以一直打不开局面。每天看到女儿闷闷不乐的样子，有时没事找碴儿，乱发脾气，我的情绪也不太好，既心疼女儿，又着急，心中非常郁闷。

有时我与女儿聊天，她告诉我说："妈妈，我在学校没人玩，我要带故事书到学校去看，下课没有人跟我玩，我就看书！"听得我眼泪都要下来了。我给过她很多的建议，比如要主动和小朋友一起玩，或者看到他们玩什么，就加入进去，还教她如何说，比如"我和你们一起玩，可以吗？"可是女儿总说"他们不会带我玩的，我

豆豆妈妈印象及评价

胆小怕事的孩子通常不自信，追求完美，害怕被拒绝，又不被父母理解，情绪低落，不开心。

父母通常忽视孩子的情绪和情感需求，直接给孩子建议，希望快速解决问题，常常效果不佳。

不敢去"。再催她，女儿就哭了。我也就没有特别在意，想着过一段时间就会好的。

前几天，老师给我打电话，说下课时瑞瑞总是一个人待在教室，从来不和小朋友一起玩，也不和同学交流；老师问话，她的声音很小，头低着，不敢看老师，上课更是不敢回答问题。老师怀疑是自闭症，至少是人际关系有问题，建议我带瑞瑞去医院看看。

老师的一番话让妈妈非常震惊。

这下我可着急了，我没有想到她在学校这么孤独，这么不开心，连一个可以玩的小朋友都没有！难怪女儿几次说"我不想上学了，上学真没意思"等，可这都没有引起我足够的重视，我还轻描淡写地给她讲道理。我应该想到的啊！自责、内疚一股脑涌上心头。我甚至想辞职回家，专心带孩子了。

由于我们工作很忙，经常出差，瑞瑞一直跟着奶奶长大，直到上幼儿园才回到我身边，也是奶奶接送孩子，等我们下班回家，瑞瑞已经睡觉了，第二天，我们起床时，瑞瑞已经去幼儿园了。再加上周末我们经常加班，没有时间带瑞瑞出去玩。虽然瑞瑞和我们在一个屋檐下，但是我和孩子在一起玩的机会很少，瑞瑞不是和奶奶玩，就是和自己的玩具玩，常常一个人和玩具说话。因为她很乖，不吵不闹，我们也没有觉得有什么问题。

原来瑞瑞几乎没有和小朋友玩的经验，长期被孤立和保护，人际交往能力更无从谈起。

偶尔带女儿上公园玩，她总是牵着我们的手，不敢和小朋友玩，躲得远远地看着别人玩，我也没有太在意。有时候，女儿看见外人，就躲到奶奶身后，偷眼观看，不敢叫人，甚至哭泣，我们提醒她几次，没有效果，也就放弃了。

没想到上了小学后，女儿的表现没有改善，反而更严重了，以至于老师都怀疑她有自闭症，我该怎么办？！

豆豆妈妈诊断

人际能力已被列为孩子的基本能力之一，正像菲律宾大学临床儿童心理学家马·劳迪斯·卡兰丹所说的那样："一个社交能力低下的孩子比没有进过大学的孩子具有更大的缺陷。"

其实朋友对孩子很重要，有朋友对孩子来说是一种心理依靠。因为朋友的支持，和朋友在一起时孩子会更大胆。很多时候孩子的自信来自朋友的认可和支持。和朋友在一起时开心地玩耍、畅所欲言地交流，会使孩子更有自尊感。

而没有朋友的孩子往往会出现一些问题，他会把内心的需求用另外的方式发泄出来。有时他会因得不到同伴的认可而不自信；有时会因得不到同伴的友爱和支持而嫉妒别人的友谊；有时会因没有朋友而远离人群；有时因没有朋友而不想上学……

瑞瑞缺少玩伴主要有两大原因：第一，这与隔代教育过分的溺爱、保护有关。瑞瑞从小跟着奶奶长大，由于隔代教育的特点，奶奶以尽量满足孩子的愿望为出发点，处处迁就孩子，而较少理会这种满足对她有益还是有害，这种过度疼爱容易造成孩子任性、胆小、依赖性强和生活自理能力低下。第二，由于父母工作忙，没有时间带孩子出去，导致瑞瑞生活圈子小，玩伴自然很少，造成孩子不善于交朋友。瑞瑞胆小怕事、不合群、莫名发火等都和没有朋友有关。

帮助孩子交朋友是提高人际能力的基石

人是社会性动物，合群是人的本能。瑞瑞看到其他小朋友玩得很开心，自己一定也想加入，只是不敢/不会行动，害怕被拒绝。那么，家长如何将人际关系的基本技能教给孩子呢？儿童心理学家勒纳·屠阿说："我们应该从最普通的基础开始，教孩子说你好、请、谢谢，以及回应的话。"就是说，要从最基本的开始教起。

对于性格孤僻，缺少玩伴的孩子，家长除了要加强对孩子人际交往能力的培养，更应该试着靠近孩子的心，自己去做孩子的朋友。人需要朋友，孩子更需要朋友。朋友的意义在于拉近人的距离，分享彼此。

建议父母要做到以下几点：

1. 准备和寻找：家长要经常带孩子到小朋友聚集玩耍的地方（如公园、街心花园等），记得提醒孩子带上玩具，最好是适合和小朋友一起玩的玩具，如足球、跳绳、汽车、毛绒玩具等，这需要家长提前了解这个区域的小朋友多数玩什么玩具；然后家长和孩子一起寻找可以玩的小朋友，最好是也拿着同样玩具的小朋友（单个或者一群）。

2. 观察和行动：家长和孩子手牵手观察小朋友们玩的游戏、玩具等，并和孩子沟通自己看到的，询问孩子看到的，比如"我看到小朋友们在拍皮球，他们看起来很高兴，你觉得呢？你看到了什么？"还可以描述细节，比如说"你看，那个穿红衣服的小女孩，她拍得真好啊！"在这种宽松的气氛下，孩子更容易放松；边说边接近小朋友，创造空间的接近。

3. 模仿和赞美：在这些小朋友的旁边，家长和孩子一起玩拍球游戏，模仿那些小朋友的动作，同时赞美他们的游戏，比如"你的皮球真漂亮！""你拍球的样子好可爱啊！"这些小朋友更容易接纳赞美者，创造心理的接近；

4. 邀请和体验：在空间和心理的接近之后，进一步邀请小朋友一起玩游戏，比如"咱们一起拍球吧？"家长和小朋友一起玩，让孩子有成功的体验，感到小朋友的接纳和友情。

5. 分享和鼓励：回到家里，家长要和孩子一起分享刚刚和小朋友玩的快乐，引导孩子说出他的感觉，并及时鼓励孩子的行为，越具体越好，比如"我看到你和小朋友一起拍球，还想出了新的玩法，小朋友都特别喜欢你，你也一定很开心吧"。

6. 熟悉和独立：家长和孩子重复1~5步骤，通常3~5次之后，孩子就能独立地和小朋友玩了。

此外，我觉得应该和老师沟通一下，老师对学生的影响还是很大的，甚至可以帮助孩子建立"交际圈"。

Chapter5 问题篇

🌿1 孩子行为密码——幽默还是哗众取宠？

班主任在班会上希望家长能够合理引导孩子欣赏真正的幽默和哗众取宠的区别。因为我知道孩子上课爱接下茬，目的是逗全班同学笑，而且他常常能够达到目的，代价是把老师气得够呛。

如何让儿子（五年级）减少并停止这一行为，我们做家长的首先跟儿子检讨：这是妈妈的错，在你小时候没给你立好规矩，生活中没规矩，导致你到了学校没有纪律感。你这样做的大部分行为都是哗众取宠，影响老师讲课，影响同学听课。

跟孩子商量的结果是，他先从每天无数次逗全班同学笑，逐渐减少到每天最多逗三次；渐渐地，把范围从全班同学，缩小到周围的几个同学。最后约定一个期限，到五一前（今天是4月16日），能够做到全天上课都不故意逗全班同学。下课时间除外。现在每天三次，缩小范围都做到了。就看到五一能否实现"零接茬"了。

儿子遇到的挑战是："只要我'坏水'一冒上来，就控制不住自己。"（儿子的原话）

场景一：

时间：语文课堂

经过：语文老师讲到"这比山还高，比海还深的情谊，您说，我们能忘怀吗？"

儿子接茬：这真是"桃花潭水深千尺，不及汪伦送我情"啊。

全班同学哄堂大笑。

妈妈建议：这种接话要分场合。如果是在大家共同讨论深厚的友情这样的沙龙上，是鼓励每个人都分享、发言的，你完全可以接上这句诗。但是，在学校的课堂上，是以老师讲课为主的，同学吸收知识，老师不提问，同学们就要认真听讲，这时候接下茬就是"哗众取宠"。

场景二:

时间:语文老师刚说完"下课"

经过:下课之前(马上就下课了),语文老师最后讲的是:文章的题目为什么是"桥",不是"老汉"呢?因为老汉用他的血肉之躯搭起了一座"生命桥"。好了,下课!

儿子接茬:老汉那么瘦,能搭出这么大的桥吗?

同学们大笑。

这个我没回答儿子,因为我也不知道该怎样评判,请豆豆妈妈帮忙。

场景三:

时间:科学课

经过:E(瘦)和Q(健壮)演科普剧,内容是两棵树的争吵。Q说:都怪你,都怪你说话,要不然我们不会被砍,哼!E说:都怪你,要不是你这么胖,我们不会被砍!两个人互相指责:你!你!你!都怪你!你!你!你!

这时,儿子在下面闷声回应了一句:"我!"

全班同学都笑了。

这种例子太多了(儿子原话:这种事情多了去了)。以上是儿子随便举的二个例了,让我们判断他这是"幽默"还是"哗众取宠"。在此特别发给豆豆妈妈请帮助鉴定并给出更好的解决办法。谢谢啦!

豆豆妈妈回复

听其言而观其行,了解孩子的行为目的

首先,我认为你教育孩子特别认真且坦诚,敢于承认自己的不足,已经向儿子展现了有责任感、有担当的妈妈的风范,相信这对儿子的成长有更深远的意义。

其次,我也非常欣赏你儿子的反应和才气,我认为他的几句话都特别有智慧,如果抛开场合的约束,我认为他的回应就是幽默,我专门查了幽默和哗众

取宠的定义，我认为他的几个回答都不仅让人发笑，而且意味深长，多么幽默啊！说明你儿子的智商很高啊！

　　场景一中儿子的话多么有才气，活学活用啊！场景二儿子的话反映了孩子的爱心，他还不理解"生命桥"更多的是指精神层面的，他认为桥就是我们经常看到的要被人践踏的、结实的，所以他很担心这么瘦的老汉，如何能搭出这么大的桥呢？老汉会受不了的啊！场景三一个"我"字，说明孩子的思想很活跃，他把两棵树的悲剧（科普剧）上升了一个高度，即当两棵树在互相指责时，儿子感悟到那不是树的错，而是人的错，即"我"的错！

　　孩子的话没有傻话，孩子的行为都是有目的的。一般来说，小学生的行为目的有四个，分别是吸引注意、争取权利、报复、自暴自弃。孩子学习不主动、磨蹭拖拉、粗心大意、调皮捣蛋（接下茬）……这些行为都是有目的的，孩子最喜欢被鼓励和肯定，其次是批评和指责，最不喜欢、不能容忍的是被忽视。他们通常用好的行为获得关注，但是由于成人对好行为的高标准，认为他们这样做是应该的，比如遵守课堂纪律、按时完成作业等，因而不反应而被孩子误认为是"忽视"。他们就会换个方式，比如接下茬，瞬间他就获得了老师和同学极大的关注，成为班级中的焦点。相对于表现良好而言，他表现这样不当的行为需要付出很少的努力，却获得更多的关注，孩子是最好的观察家，同时也是最差的行为解释者，他误认为不当行为能得到老师的关注而经常表现，久而久之成为习惯。家长可以通过分析这些行为，了解行为目的，找到孩子的行为密码，发现孩子成长过程中的问题和形成原因，从而激发孩子的积极性。

　　此外，孩子的行为具有两面性，以上儿子的三句话中都有小男孩淘气的成分，而且因为引发同学笑、老师气而影响老师的正常教学，这是应该矫正的；可是如果我们仅仅认为他是哗众取宠而打击他，就会连同他的智慧一起抹杀了，岂不悲哀！教育的关键在于如何在保护孩子闪光点的基础上，建立良好的行为习惯。

　　我认为你和你儿子制订的"逗笑递减"计划和实施方案非常有效，至于"零接茬"目标，建议和儿子讨论解决办法。他说的"我坏水一冒上来，就控制不住自己"，是达到"零接茬"的最核心障碍，可以针对这个挑战引导儿子用"问题解决六步骤"思考如何解决问题——研究发现，每个人的问题只有他自己有能力解决。

制定阶梯目标矫正孩子的不当行为

首先表扬下儿子的班主任。我上午给老师发出求助短信,让老师了解我的困惑和豆豆妈妈的回复,他在放学前居然把这些内容跟儿子分享了,老师对孩子并没有讲什么大道理,而是让孩子自己思考解决问题的办法。

回家后我和儿子沟通这件事,他说豆豆妈妈对他第二、第三个案例的评价都是错的,他的真实目的就是逗全班同学笑。我说:你以为王老师真的不明白你的真实目的吗?那王老师为什么这么评价你呢?你看完王老师的评价感受如何?他说感觉自己没有你评价得好。(看得出来孩子很受用呢!俗话说"谎话重复一千遍就成为真理了!何况真理呢!"孩子的行为都有两面性,但行为目的却是一样的——都是希望有归属感,被团体接纳,有一席之地。虽然他自己没有明确意识到这些评价,但是只要我们这样去归因和引导他,他就会向着这个积极的方向发展)

按照《父母效能培训手册》第五章问题所有权里教的方法,我跟儿子这样沟通:

妈妈:咱们继续讨论昨天的话题。你说,要把脑袋里的坏水除去,只能割脑袋,除了这个办法,还有什么办法吗?

儿子:有,忍!

妈妈:好啊,如果你忍住了,你想要什么样的奖励呢?(这里要继续讨论如何"忍",做什么,怎么做,遇到困难如何克服等,这需要越具体越好,一定要可操作、可监督、可评估——事先约定如果没有做到孩子要承担的行为结果是什么,即约定惩罚是什么,这个惩罚不需要太大,只要能让他有所失去就好,重点还是要用正向、鼓励的方式训练孩子的自制力)

儿子表情开始犹豫,自言自语地说:唉,你肯定不同意。我鼓励他说出来看看。原来他想要的奖励是乐高的幻影忍者。我们经过协商,这中间基本是听从儿子的意见,由他来衡量奖励与他所能完成的任务难度系数的平衡。

最终达成以下协议:(除了以下的目标管理以外,建议增加奖励的梯次,即除了以下的月目标以外,增设日目标、周目标等,比如儿子控制住自己"冒坏水",要给予相应的奖励——这些小奖励能让他尝到甜头,帮助他克服困难，勇往直前，直达月目标！毕竟孩子的自制力还在成长中，如果目标定得不合适，即他认为可能达不到，就会放弃努力而导致家长和孩子都有挫败感，不利于计划的实施。）

·如果5月份做到每周只接下茬一次，一大一小，奖励：第四代正版乐高幻影忍者"杰"；

·如果6月份做到每周只接下茬一次，一大一小，奖励：第四代正版乐高幻影忍者"寇"；

·如果哪个月做到接下茬低于4次（大小都算），额外奖励：乐高那库的ATV（2518款）；

·如果另一个月份也做到低于4次（大小都算），下载ninjago game（一种游戏）。

儿子又补充：4月份剩下的日子是一个过渡期，他自己会提醒自己。另外儿子让把问题从"接下茬"改为"逗全班同学笑"。看来，儿子对自己的行为目的清晰得很，接下茬只是手段之一，逗全班同学笑才是目的。（无论是接下茬还是逗笑，孩子的行为目的都是吸引注意；如果老师生气了，他的行为目的就升级为争取权利；都是用不当的行为达到行为目的。参见《父母效能培训手册》第二章）

王老师，我的问题是：

1. 如果他没做到怎么办？

事先约定行为结果，即约定惩罚，也要具体可操作，小惩罚就好。

2. 另外是否需要告诉老师在学校监督？

不要告诉老师在学校监督，否则容易放大孩子的问题，如果老师过多关注孩子的接下茬或者逗笑的行为，容易导致孩子自我认为这样的行为可以得到老师的关注，因而更多地用不当行为来获得注意，从而达到行为目的。这样的话，这些行为反而容易被强化而保留和加强。

3. 是否充分信任孩子每周的汇报（他说几次就是几次）？

要相信孩子！每天都可以和孩子沟通，不要问"你又逗笑几次？"而要问"你今天控制住几次'冒坏水'？你是怎么做到的？"沟通中80%的时间用来讨论那些被控制住的"坏水"是如何做到的，20%时间讨论没有被控制住的"坏水"下一次如何能控制住。通过这种正向引导，让孩子更多地关注到约束自己行为的方面，让他的精力得到更积极的运用。

儿子看起来对自己信心满满，他说过渡期、乐高奖励都是能够阻止他"冒坏水"的动力。（这个过渡期恰恰是个很好的机会，要帮助孩子提高自制力，让他感受到用良好的行为同样能获得老师的关注——要知道孩子最喜欢被鼓励和接纳，其次是批评和指责，他最最不喜欢、不能忍受的是被忽视。一定要帮助孩子有成功的体验——让他自己感悟到只要自己努力就能做到，这种成就感是一个人幸福的原动力！）

2　沟通三部曲："接纳—反映—讨论"

如何听懂孩子的话外音

　　惊闻11岁女孩开学前一天跳楼身亡，痛惜之余，颇多感想。据说女孩非常聪明，智商130，而且努力，也非常优秀。女孩结束生命前一天晚上说："爸爸，我怕，我不想上学，你抱抱我吧。"这句话仿佛重磅炸弹，震撼着我，也激发我许多的疑问：孩子到底怕什么？为什么不想上学？爸爸当时抱女儿了吗？不知当时的爸爸是如何劝慰女儿的？女儿是否还有其他的异常语言或行为？爸爸是否从这句话中感受到女儿的压力？……

　　有一点是肯定的，爸爸听到女儿这样说，一定没有想到如此优秀的女儿会选择用这种方式结束自己的生命。无论我们说什么、做什么，对于这个花季少女和他的父母都是没有任何帮助的，他们的痛无法用语言表达，我们所有人除了痛惜，还是痛惜！痛定思痛，这个悲惨的事件带给我们的警示是"听懂孩子的话外音"至关重要，如何从"我怕，我不想上学"等话语中了解孩子的感觉、心情，了解他们的情绪和压力，并及时用行之有效的方法给予帮助和解决，也许可以避免更多的悲剧发生。

　　在我的咨询经验中，当孩子说"我不想上学"，家长通常有以下几种可能的反应（家长7角色）：

　　1. 指挥者：你再说这样的话，我就生气了。

　　2. 说教者：学生就应该上学，你不上学干什么啊？

　　3. 万能者：看吧，我就知道你心都玩野了，不想上学了。

　　4. 批评者：你怎么说这样的话？不上学将来没饭吃。

　　5. 审判者：你肯定没写完作业，害怕老师批评你吧！

　　6. 心理分析者：我觉得你又在胡思乱想了，不要给自己太大的压力！

　　7. 安慰者：没事儿，上学没什么可怕的，不用担心！

　　无论是以上哪种反应，家长都在向孩子传达一个共同的信息：孩子，你错了，你不应该有这样的负向情绪。家长的这七种反应在亲子互动中阻碍了孩子表达他的负向情绪，所以父母很难了解孩子的所思所想，很难了解孩子的"话外音"，即情绪和感觉，也就失去了帮助孩子的机会。日积月累，孩子的负向情绪无处发泄，可能导致各种问题，轻则学习不主动、粗心大意、磨蹭拖拉等，重则头痛、肚子痛、睡不着觉，甚至发生自杀的悲剧。

其实，孩子的话没有傻话，孩子的行为都是有目的的。如何了解孩子的话外音？家长需要具有"爱心+耐心+技巧"，具体做法就是用"接纳—反映—讨论"（参见"孩子发脾气，家长怎么办"）的方式与孩子沟通，允许孩子有机会表达自己的负向情绪，让父母成为孩子负向情绪的垃圾桶，让孩子的心灵得到净化。

如何及时化解孩子心中的烦闷

为了和孩子保持同步沟通，更为了孩子学会思考和解决问题的能力，家长要遵循"接纳—反映—讨论"三部曲和孩子有效沟通，比如父女之间可能的对话：

孩子说：爸爸，我怕，我不想上学了。

爸爸说：哦，看起来你很紧张，有点担心上学的事？（用接纳的态度反映孩子的心态，这是重述，即用家长的理解把孩子的话外音说出来，一定要用问句，不是下结论，而是呈现给孩子看，并向孩子澄清问题）

孩子说：是啊，明天就开学了，又要上课、做作业，还要……

爸爸说：嗯，开学既要做这么多事，还要表现优秀，每一件事都要做得很完美，真的挺累的，如果是爸爸，也会害怕，也会觉得挺累的。（继续接纳—反映，与孩子感同身受）

孩子说：……（家长要引导孩子说出具体的事件，比如作业太多、要表现优秀，来自各方的压力等）

家长持续而反复地进行接纳—反映，直到孩子渐渐平静了，这个阶段的目的就是家长把孩子的情绪垃圾接过来，引导孩子注意到这些情绪的来源，需注意：要引导，不要教导。心理学研究表明：如果一个人能用语言说清楚自己的负向情绪，也能了解自己的情绪来源，他的情绪就会得到缓解，心灵就会得到净化。

当孩子平静后，才进入第三阶段：讨论——讨论孩子的行为、遇到的困境、担心的压力等，讨论如何解决问题，目的在于下一次如何避免这类问题，或者是下一次如何解决这类问题。家长要引导孩子思考问题，想出解决问题的办法，不要直接给孩子忠告或建议。家长首先要不断地把问题抛给孩子，引导孩子自己思考解决问题的方法；如果孩子想不出来，可以说"小明遇到这个情况，会怎么做？"孩子很擅长帮助别人解决问题；或者说"如果妈妈遇到这样的问题，我会……"，通过这种方式给孩子提供参考的方法，孩了更容易接受。

如何帮助孩子解决问题

家长通过"接纳—反映"的沟通过程，使孩子渐渐平静下来，这时候要引导孩子直面问题和困境，和孩子一起讨论如何解决问题，以孩子为主，家长的作用不是直接告诉孩子解决问题的方法，而是启发孩子思考问题，培养孩子解决问题的能力，关键是：不断地把问题抛给孩子，让孩子越来越清晰地看到问题是什么，也才能更有效地找到解决办法。

具体来说，讨论和解决问题有6个步骤：

1. 澄清：用"接纳—反映"化解情绪，澄清和分析问题
2. 激荡：用脑力激荡法发现尽可能多的办法，不评价好坏
3. 分析：分析和评估每个办法，设想可能的结果，引导积极的方法
4. 选择：确定一个有效的办法和实施时间、评估时间
5. 行动：鼓励孩子用选择的方法去实施
6. 反思：评估办法的有效性，以及如何改进和提高

第一步：澄清

假如上例的父女对话中，爸爸通过用"接纳—反映"化解孩子的烦闷情绪后，逐渐澄清了问题，"不想上学"、"我怕"的话外音可能是：女儿觉得又开学了，老师、同学、家长都对自己有很高的期望，希望自己表现优秀，自己

很害怕做不到，让大家失望，也觉得这样努力非常累，压力很大。即要让女儿明确她面对的问题是"我怕做不好"，而不是"不想上学"，不想上学只是逃避压力的方法之一，而且是消极的方法。

第二步：激荡

用脑力激荡法引导女儿，比如说"宝贝，爸爸知道你不是不想上学，而是怕做不好，感到压力很大，咱们想一想有什么办法能降低这种紧张和压力呢？"鼓励女儿自己想办法，越多越好（可以写下来），假如女儿说的方法是：

1. 不想上学了

2. 不想活了

3. 不在乎别人说什么

4. 只要我努力就行了……

无论她说的办法是什么，积极的或者消极的，甚至是危险的，此时此刻爸爸都不要评价好或者不好，直到女儿说出了她能想到的所有方法为止，其中一定包括一些家长认为可行的方法。

这个阶段可能遇到的问题是孩子说不知道如何解决，或者孩子说的方法都很消极，家长可以问"假如×××（孩子很欣赏、佩服的同学、朋友）遇到这样的问题，他会如何解决？"因为当局者迷，旁观者清，家长用这种方式把孩子和问题剥离开，作为旁观者去重新思考这个问题，他也许会想出办法来；如果孩子还是说不知道，家长可以说"如果我遇到这个问题，我会……"用这种方式启发孩子思考，也可以让孩子学到家长的智慧，孩子更愿意接受和合作。

第三步：分析

和孩子一起分析每一个方法的可行性，利弊关系，设想这些方法可能的结果。比如不上学的结果是没有同学玩、见不到喜欢的老师、同学更进步的话自己的压力更大等；对于"不想活了"要引导孩子看到生活中的精彩和乐趣，不要单纯地教导孩子珍惜生命；帮助孩子分析"只要我努力，不在乎别人说什么"的方法，让她看到这个方法是积极和可以控制的，是可行的。

第四步：选择

根据以上的分析，孩子自然能够选择有效的方法。家长要鼓励孩子行动，比如"什么时候开始做？如何做？"孩子可能说出一个时间，并允诺一个行动，要具体、明确、可评估。比如明天开始（孩子一周内行动都可以接受），把目标分成小目标（假设目标是小升初，小目标就是每天的上课、作业等），制订学习计划和时间表（还有星星表、礼物单），把要完成的任务列一张清单，并规定具体的完成时间，即把小升初的目标落实到每一天，实际上是把模糊的大目标带来的压力分成每一天的小压力，这是可以承受的压力，也是具有积极意义的（心理学研究表明中等压力水平时人的绩效最高）。

这个阶段还要事先约定行动的周期和评估的标准，比如试行一周，评估后调整。

第五步：行动

根据制定的时间表、星星表、礼物单行动，家长只要观察和记录，可以用定时器来协助。

第六步：反思

根据孩子一周的试行结果，和孩子重新讨论、协商、调整。

备注：

以上方法的运用前提是家长要心平气和。面对孩子的问题和困境，如果家长着急，甚至生气、发脾气，就要先暂停一下。

3 孩子发脾气，家长怎么办——序曲：儿子伤心了

周五回来，儿子（二年级）说他已经和两位同学约好了，一起去溜旱冰。虽然周末他们经常这样约在一起，我和几个家长也很熟悉，但他还是非常高兴，激动得饭都没怎么吃，生怕晚了。

在华灯的映衬下，看到他们飞翔的身影，心里非常宽慰，和那几个家长聊得很愉快。

突然我看到儿子一个人坐在边上，满脸的不高兴，另外两个小朋友不见了。我鼓励儿子："去找找看，他们也许滑到那边去了。"儿子顺从地去找他们了。可是过了一会儿，看见儿子又回来了，还是满脸的不高兴。

妈妈："怎么了？"

儿子："他们太讨厌了，合起来骗我。"

妈妈："他们怎么骗你了？"

儿子非常气愤："我们一起玩捉迷藏游戏，手心手背，出和别人不一样的那个人找，其他人藏，他们两个商量好了出一样的，就只能我找了。"

妈妈："那你怎么办？他们为什么商量呢？"

儿子还是非常气愤，而且很委屈："我也不知道为什么。"

孩子话外音

他们合起来骗我，太不公平了，我觉得委屈、气愤，伤心死了！妈妈也不理解我，还问我为什么，我怎么知道，我又不是他们肚子里的蛔虫，我要是知道为什么就好了！气死人了！

妈妈话外音

看到儿子伤心难过的样子，我也很着急，帮他想了一个办法，可是没有效

果，儿子似乎更生气了。问他怎么办，他也不知道，只会生气。光生气有什么用啊，你倒是想办法啊，儿子总是这样，真着急！

豆豆妈妈点评

尊重情绪，引导行为

当孩子遇到伤心、难过、委屈、愤怒等情况时，家长通常直接告诉孩子如何解决，忽视了孩子的情绪和感觉，也剥夺了孩子自己面对问题的思考机会和解决问题的能力，并因沟通障碍导致亲子关系紧张。

为了和孩子保持同步沟通，更为了孩子学会思考和解决问题的能力，家长要遵循"接纳—反映—讨论"三部曲和孩子有效沟通，培养孩子自己认识和管理情绪的能力，提高情商。家长要分清情绪和行为是两个过程，"接纳"是一种包容的态度，"反映"是像镜子一样照出孩子的感觉和情绪，一定要用疑问句求得孩子的认同，这个"接纳—反映"的过程是多次循环的，家长不要有任何的评价（比如好或者坏等），目的是帮助孩子认清自己的情绪，并把情绪垃圾倒给家长，孩子的心灵得到净化，变得平静而合作，思考的效率更高。

当孩子平静后，才进入讨论阶段——讨论孩子的行为，讨论如何解决问题。家长要引导孩子思考问题，想出解决问题的办法，不要直接给孩子忠告或建议。家长首先要不断地把问题抛给孩子，引导孩子自己思考解决问题的方法；如果孩子想不出来，可以说"小明遇到这个情况，会怎么做？"孩子一般很擅长帮助别人解决问题；或者说"如果妈妈遇到这样的问题，我会……"，通过这种方式给孩子提供参考的方法，孩子更容易接受。

故事新编 （上色部分是我的建议，替代原话）

　　周五回来，儿子说他已经和两位同学约好了，一起去溜旱冰。虽然周末他们经常这样约在一起，我和几个家长也很熟悉，但他还是非常高兴，激动得饭都没怎么吃，生怕晚了。

　　在华灯的映衬下，看到他们飞翔的身影，心里非常宽慰，和那几个家长聊得很愉快。

　　突然我看到儿子一个人坐在边上，满脸的不高兴，另外两个小朋友不见了。

　　我鼓励儿子："去找找看，他们也许滑到那边去了。"儿子顺从地去找他们了。可是过了一会儿，看见儿子又回来了，还是满脸的不高兴。

　　妈妈："怎么了？"

　　妈妈："看起来你有点不高兴，发生了什么事情？"

　　儿子："他们太讨厌了，合起来骗我。"

　　妈妈："他们怎么骗你了？"

　　妈妈："他们做了什么事情让你这样认为，你愿意告诉妈妈吗？"

　　儿子非常气愤："我们一起玩捉迷藏游戏，手心手背，出和别人不一样的那个人找，其他人藏，他们两个商量好了出一样的，就只能我找了。"

　　妈妈："那你怎么办？他们为什么商量呢？"

　　妈妈："嗯，你觉得这样做很不公平，如果是我，也会觉得很委屈。"

　　儿子还是非常气愤，而且很委屈："我也不知道为什么。"

　　妈妈鼓励儿子采取积极行动，非常棒！

　　这时候妈妈要关注儿子的情绪：接纳，即描述儿子的感觉。

　　"骗"是孩子的负面主观评价，妈妈要用中性词来引导儿子关注事件，并客观地告诉孩子，这是"反映"的过程。

　　继续反映，让儿子理清自己的感觉——不公平、委屈，并和孩子在感觉上共鸣。

儿子："就是啊，太不公平了！"

……

当儿子情绪稳定后：

妈妈："下次遇到这种情况，你觉得要怎么做？"

"接纳—反映"多次循环，直至儿子平静下来，引导儿子思考解决问题的办法。

4 孩子发脾气，家长怎么办——高潮：儿子骂妈妈白痴、神经病

　　妈妈也觉得暂时拿不出什么好的办法解决这个问题："要么你想办法重新手心手背，要么你只能暂时委屈就这么玩，要么就先回家，以后再玩。现在已经九点多了，该回家了。"

　　儿子不接受，而且情绪很激动，说话声音很大，一边说还一边跺脚："我不干，他们骗人，我已经不信任他们了。我不回家，我就不回家。"

　　妈妈语气还算平静，但对儿子的态度已经有些愤怒了："我在这儿跟你说话，帮你解决问题，你什么态度啊？"

　　儿子仍然很激动，嚷道："我就不回家，就不！"

　　妈妈也很愤怒："你不回是吧？那你在这儿坐着吧，我回。"

　　儿子："你回就你回。"

　　妈妈说完就真的走了。走了将近50米，看到其他家长都围过去在哄他。妈妈又走回去对其他家长说："你们都别管他。"

　　妈妈非常愤怒，指着儿子严厉地说："你回不回？"

　　儿子大声地嚷嚷道："不回，就不回！"

　　妈妈没有再理他，转身走了。这时，听到儿子大声地在后面嚷道："你是个白痴，你是个神经病！"

　　这是在骂妈妈，我一下子呆了，气愤、委屈、失望还有丢人一下子都涌上心头，头也不回地走了。

　　儿子看到妈妈真走了，穿着溜冰鞋追上来，妈妈默不作声快速地在前面走，儿子在后面紧跟着，到了一个比较宽敞的草坪旁，妈妈把手里的水杯等往草坪上一扔，转过身对儿子说："你别跟着我了，我不能要一个骂自己妈妈的孩子，我不要你了，你自己走吧！"

　　儿子在后面嚷着："你别后悔，世界上哪有妈妈不要自己孩子的？没我

了，你想找也找不到，你就再也没有孩子了！"

妈妈停下来，转过身去面对他说："我不后悔，因为世界上没有一个孩子会骂自己的妈妈是白痴，是神经病，我没有一个骂自己妈妈的孩子。"

妈妈还不解气："我养你这么大，为的是就让你骂我吗，我是白痴，我是神经病是吗？！"

说完，不等儿子说什么，继续头也不回地往前走。

孩子话外音

妈妈让我回家，我还没玩够呢，气死人了。我觉得很难受，心里特别不舒服，像要爆炸了一样，妈妈还唠唠叨叨、没完没了的，说什么帮我解决问题，还说我的态度不好，妈妈的态度更不好，凶巴巴的，当着那么多人吼我、威胁我，太没面子了！我实在受不了了，冲口而出说妈妈是白痴、神经病！说完后，我自己都吓了一跳！我怎么能这么说妈妈呢！但是妈妈也不能说不要我了啊，我上哪儿去啊！没有我，妈妈就没有孩子了，您一定会后悔的！

妈妈话外音

看到儿子不开心，我也很着急，一直积极帮着儿子想办法、出主意，哪知儿子非但不领情，还冲我发火、耍脾气，竟然骂我是"白痴、神经病"，我真是惊呆了，尤其是当着那么多人的面，我彻底愤怒了，气愤、委屈、失望还有丢人一下子都涌上心头，我付出了那么多，我那么爱儿子，他怎么能这么说我啊，这是我的儿子吗？

豆豆妈妈点评

家长，请压住你的怒火

当孩子遇到悲伤、沮丧、生气等情绪时，妈妈要用接纳—反映—讨论三部曲来帮助孩子解决问题，当孩子的行为让家长感到很生气，怎么办？

首先我们要了解家长为什么会生气。有人说："当你有了孩子，你就有了问题。"不是说孩子会带来问题，而是孩子激发了家长的情绪、期望与信念。面对孩子的不听话，父母常常生气，这让家长误以为自己生气都是孩子的错，其实不然。所以我们要感谢孩子，他们的到来让为人父母的我们了解自己的情绪、价值观和对孩子的期望，理智面对孩子成长中的问题并有效帮助孩子健康成长。

其次当我们带着感谢孩子的态度，我们就会理智面对自己和孩子的生气情绪，就有可能做到控制和管理生气的情绪。具体来说要分两种情况，如果孩子和家长都很生气，要先处理孩子的情绪，之后，再处理家长的情绪。

如果家长非常生气，以至于无法理智地面对孩子，首先要做的是闭上嘴+迈开腿（最好的地点是卫生间，那里有镜子能看到自己生气的样子，还有凉水可以用来让自己冷静），其次要使用灭火口诀"一离二吸三凉水"（离开让你生气的现场、孩子，深呼吸4~5次，再用凉水洗脸），暂时让自己的生气先灭火，待情绪稳定后用"我的信息"的句型表达自己对孩子行为的不满和生气的情绪。注意：是孩子的行为，不是孩子本人，一定要把孩子本人和孩子的行为分开。句型"当……我觉得……因为……我希望……"。"当……"描述孩子的行为或做的事件，"我觉得……"描述家长对孩子行为的感觉，"因为……"描述具体的原因，"我希望……"对孩子今后的行为指出方向。

家长常用的"你"字开头的句子，通常批评的是孩子本人，激起孩子的逆反心理；而"我"开头的句子更强调家长对孩子不当行为的感觉，孩子容易接受和合作。

另外，生气时能够做到"闭上嘴"非常重要，因为人生气时说的话就像刀子一样，伤害最爱的人，而且就像泼出去的水一样不可收回！孩子说妈妈"白痴、神经病"和妈妈说"不要孩子"对彼此的伤害是一样的。当我们不知道如何说、如何做时，最好什么也不说，什么也不做。

故事新编（上色部分是我的建议，替代原话）

妈妈也觉得暂时拿不出什么好的办法解决这个问题："要么你想办法重新手心手背，要么你只能暂时委屈就这么玩，要么就先回家，以后再玩。现在已经九点多了，该回家了。"

儿子不接受，而且情绪很激动，说话声音很大，一边说还一边跺脚："我不干，他们骗人，我已经不信任他们了。我不回家，我就不回家。"

妈妈语气还算平静，但对儿子的态度已经有些愤怒了："我在这儿跟你说话，帮你解决问题，你什么态度啊？"

妈妈："看起来你很生气，愿意告诉妈妈发生了什么事情吗？"

儿子仍然很激动，嚷道："我就不回家，就不！"

妈妈也很愤怒："你不回是吧？那你在这儿坐着吧，我回。"

妈妈："当我带你想办法而你却对我发火，我觉得很生气，因为你把对别人的气发到我身上了，我希望你以后不要这样对我说话。"

儿子："你回就你回。"

妈妈说完就真的走了。走了将近50米，看到其他家长都围过去在哄他。妈妈又走回去对其他家长说："你们都别管他。"

妈妈非常愤怒，指着儿子严厉地说："你回不回？"

妈妈："好吧，现在你有三个选择，一是你继续玩，可以自己玩，也可以找小朋友玩，9点

当孩子处于情绪状态时，家长直接给出解决办法，沟通不同步而失败，孩子更加逆反、不合作。

当妈妈和儿子都遇到情绪困扰时，先处理孩子的情绪，即以接纳的态度反映儿子的情绪，鼓励儿子说出来。

如果妈妈控制不住自己的情绪，可以用"我的信息"句型表达自己的不满"当……我觉得……因为……我希望……"，即"我"开头的句型，不要用"你"开头的句型。

半咱俩一起回家；二是咱俩现在就回家，明天再出来玩；三是你自己继续玩到9点半，我先回家。"

儿子大声地嚷嚷道："不回，就不回！"

妈妈没有再理他，转身走了。这时，听到儿子大声地在后面嚷道："你是个白痴，你是个神经病！"

这是在骂妈妈，我一下子呆了，气愤、委屈、失望还有丢人一下子都涌上心头，头也不回地走了。

儿子看到妈妈真走了，穿着溜冰鞋追上来，妈妈默不作声快速地在前面走，儿子在后面紧跟着，到了一个比较宽敞的草坪旁，妈妈把手里的水杯等往草坪上一扔，转过身对儿子说："你别跟着我了，我不能要一个骂自己妈妈的孩子，我不要你了，你自己走吧！"

妈妈："当你这样说妈妈的时候，我觉得很伤心，因为儿子不可以对妈妈不礼貌，我希望你以后不要这样对我说话。"

儿子在后面嚷着："你别后悔，世界上哪有妈妈不要自己孩子的？没我了，你想找也找不到，你就再也没有孩子了！"

妈妈停下来，转过身去面对他说："我不后悔，因为世界上没有一个孩子会骂自己的妈妈是白痴，是神经病，我没有一个骂自己妈妈的孩子。"

妈妈：……

妈妈还不解气："我养你这么大，为的是就让你骂我吗，我是白痴，我是神经病是吗？！"

说完，不等儿子说什么，继续头也不回地往前走。

给孩子的指令最好是有几个选择，由孩子自己决定一个，这样孩子感到被尊重；否则，激化矛盾，孩子用更激烈的言行回应，行为目的从"争取权利"升级为"报复"。

用"我的信息"句型强调妈妈自己的情绪和感觉，孩子产生内疚感而不是害怕情绪，内疚感能帮助孩子主动控制自己的行为，达到教育效果。

生气的时候要做的是闭上嘴和"一离二吸三凉水"控制自己的情绪，这时候说的话像刀子，伤害的都是最爱的人。

5 孩子发脾气，家长怎么办——尾声：儿子认错

大概是看到妈妈的态度坚决，儿子也从来没有遇到过类似的情况，不知道怎么办了，在后面喊道："我错了，我错了还不行吗？"

妈妈不理他继续往前走。

儿子一边在后面跟着一边说："我知道错了，我错了还不行吗？你就原谅我这一次，以后不犯这样的错了。"

妈妈转过身来："错了？晚了，告诉你，有些错误是不能尝试的，犯一次都不行！"说完转过身继续往前走，接着说："别跟着我！"

儿子继续在后面跟着说："我错了，我真的知道错了，以后不犯了。"

快到家了，妈妈说："我出于人道主义，先让你回家，如果你在外面待着，就会被冻死。"

到家后妈妈严肃地对他说："我告诉你，这个世界上没有一个人会骂自己的妈妈，是妈妈给你了生命，没有妈妈就没有你。骂自己的妈妈是性质非常恶劣的行为，不是一般的错误，和你没完成作业的性质是不一样的。是不是原谅你，我需要考虑一下，你先睡觉去吧。"

儿子："不睡觉，我要继续承认错误。"

妈妈："你已经承认错误了，我已经理解了你的心情，睡觉去吧。"

儿子非常自觉地洗漱，脱衣服睡觉去了。速度比平时快很多。

慢慢地妈妈的气也逐渐消了。

第二天早上，儿子没有像往常那样早早醒来看书，而是罕见地睡到了8点多。我走过去，看到儿子的眼睛虽然闭着，但明显是醒着的，眼睫毛一动一动的，还不时地睁开一条小缝，偷看我一下。

我坐到了他的床边，和缓地说："儿子，我还是原谅你了，但是，你要记住：这个世界上是没有人会骂自己的妈妈的，这个道理你必须记住。"

儿子点了点头。

我接着说："有时候我们难免会有冲突，会有意见不一致的时候，我不是不允许你发表意见，如果我们谁也说服不了谁，但是又需要必须服从一个决定的时候，你暂时服从我的决定，好吗？有问题，我们回来以后再谈。"

儿子小声说："行。"

妈妈："我是很爱你的，我们拥抱一下，好吗？"

我和儿子拥抱了一会儿，然后说："起床。"

孩子话外音

看到妈妈伤心的样子，我害怕了，妈妈真的不要我了，妈妈，我错了，我不是想骂您，我是气急了才说那样的话，对不起，您原谅我吧，我再也不会那样和妈妈说话了。妈妈还是很生气，我不敢睡觉。终于，妈妈好像不那么生气了，我小心翼翼地去洗漱睡觉了。

第二天，我醒了也不敢起床，害怕妈妈还在生气，直到看到妈妈平静的脸，听到妈妈说原谅两个字，我的心才稍稍放下，妈妈说什么，我都迫不及待地点头同意。妈妈，我爱你！

妈妈话外音

看到儿子听话的乖样子，我知道他真的知错了，我的气也消了，毕竟儿子是我最爱的人。虽然骂人风波就这样暂时结束了，但我心里并没有十分坦然。孩子为什么会当着他同学和家长的面骂我呢？是对我从心里的不满意，还是并不知道事情有这么严重，有口无心地随意说出，他是怎么学会骂人的呢？是跟我吗，有时候我和他爸爸吵架会口不择言，我需要注意吗？我这么处理是否会对他很伤害呢？真是疑惑重重啊。

豆豆妈妈点评

积极面对孩子的负向情绪

在极度生气的情况下，无论多么激烈的冲突、多么伤人的话和行为都是无心的，是随意说出的。这件事虽然暂时结束了，但是妈妈和儿子都没有放下，彼此生气时说的话像刀子一样伤害我们最爱的人，而且覆水难收。

如果妈妈和儿子能在这次冲突中学到彼此理解、彼此宽容、有效的沟通技巧（接纳—反映—讨论，我的信息）、情绪控制方法（闭上嘴迈开腿+一离二吸三凉水），以及体验行为结果（给孩子提供有限度的选择，让孩子自己决定，不要用祈使句命令孩子或要求孩子服从），那么这就是一次机会教育——对妈妈、对儿子都是一次爱的洗礼。

当然，孩子的学习过程是示范+模仿，父母是孩子学习的榜样，如果父母之间吵架口不择言，孩子则像个小摄像机把父母的言行都记录下来，在适当时候重播出来。

爱+技巧=耐心=孩子健康快乐成长=和谐幸福一家亲！

故事新编 （上色部分是我的建议，替代原话）

大概是看到妈妈的态度坚决，儿子也从来没有遇到过类似的情况，不知道怎么办了，在后面喊道："我错了，我错了还不行吗？"

妈妈不理他继续往前走。

儿子一边在后面跟着一边说："我知道错了，我错了还不行吗？你就原谅我这一次，以后不犯这样的错了。"

妈妈转过身来："错了？晚了，告诉你，有些错误是不能尝试的，犯一次都不行！"说完转过身继续往前走，接着说："别跟着我！"

无论儿子犯了什么错误，只要是第一次，家长都应该给儿子改正错误的机会。如果妈妈的情绪高涨，没有办法心平气和地接受，可以先闭上嘴，什么也不说，选择离开儿子是上策。

妈妈：……

儿子继续在后面跟着说："我错了，我真的知道错了，以后不犯了。"

快到家了，妈妈说："我出于人道主义，先让你回家，如果你在外面待着，就会被冻死。"

妈妈：……

到家后妈妈严肃地对他说："我告诉你，这个世界上没有一个人会骂自己的妈妈，是妈妈给你了生命，没有妈妈就没有你。骂自己的妈妈是性质非常恶劣的行为，不是一般的错误，和你没完成作业的性质是不一样的。是不是原谅你，我需要考虑一下，你先睡觉去吧。"

妈妈："当你当着大家骂妈妈的时候，我很伤心，很生气，也觉得很没有面子，因为是妈妈给了你生命，没有妈妈就没有你，我希望你能尊重妈妈。是否原谅你，妈妈需要考虑一下，你先睡觉去吧。"

> 用"我的信息"表达妈妈的情绪和感受，孩子体验深深的内疚，对于自己的行为有更深刻的认识。

儿子："不睡觉，我要继续承认错误。"

妈妈："你已经承认错误了，我已经理解了你的心情，睡觉去吧。"

儿子非常自觉地洗漱，脱衣服睡觉去了。速度比平时快很多。

慢慢地妈妈的气也逐渐消了。

第二天早上，儿子没有像往常那样早早醒来看书，而是罕见地睡到了8点多。我走过去，看到儿子的眼睛虽然闭着，但明显是醒着的，眼睫毛一动一动的，还不时地睁开一条小缝，偷看我一下。

我坐到了他的床边，和缓地说："儿子，我还是原谅你，但是，你要记住：这个世界上

> 儿子内疚感使得他的行为更合作。
>
> 儿子对于妈妈的态度不很肯定，很害怕面对妈妈。
>
> 妈妈明确自己的态度，原谅儿子，同时约定下次出现这样的情况，要接受相应的惩罚——红星归零（或者给黑星若干，可以和儿

是没有人会骂自己的妈妈的，这个道理你必须记住。"

妈妈："儿子，我原谅你。这是非常恶劣的行为，和你没有完成作业的性质是不一样的，下次如果出现类似对妈妈不礼貌的言行，你的红星归零，就是所有的红星都没有了，要重新开始挣红星。"

儿子点了点头。

我接着说："有时候我们难免会有冲突，会有意见不一致的时候，我不是不允许你发表意见，如果我们谁也说服不了谁，但是又需要必须服从一个决定的时候，你暂时服从我的决定，好吗？有问题，我们回来以后再谈。"

儿子小声说："行。"

妈妈："咱们讨论一下，如果下次出现这种情况，怎么办？"

妈妈和儿子就这个问题进行讨论……

妈妈："我是很爱你的，我们拥抱一下，好吗？"

我和儿子拥抱了一会儿，然后说："起床。"

子商量，参考1～4周得到红星数量）。

机会教育来了，妈妈和儿子要详细讨论这次冲突。讨论原则：妈妈要引导儿子思考和找到解决办法，妈妈更多的时候是不断地提出问题，引发儿子思考，不是下结论，更不要强求儿子服从妈妈，否则儿子的自主能力和独立性得不到锻炼。这正是本次冲突的意义所在。

🌿6 妈妈，为什么我什么事情都做不好

前天晚上，妞妞（一年级女孩）大哭了一场。起因其实很简单，做口算作业的时候，发现她仍然是做退位减法时很慢，基本上一道题要花20秒左右，照这个速度一篇口算作业得做10分钟，远远达不到5分钟的要求，我就在旁边要求她快一点，结果她就错了有八九道题。

一篇口算做完之后，我要求她自己检查，改错。可能是刚刚才费了半天劲做完一页口算，我又要求她重新检查，基本上又相当于重算，她很不满意，开始和我吭吭唧唧的，我的脾气也有点上来了，语气很不满意地说："让你检查，你有什么不满意的？不愿意做就不做了。"

可能后面的这句话让她感觉妈妈生气了，就开始抹眼泪。我一看她开始哭就有点忍不住脾气了，得，我先出去吧，离开她的房间去客厅。其实本意是不想发脾气，可是估计妞妞一看妈妈走了觉得事情更严重，哭得更厉害了。

她跟着我出来了，拉着我的手说妈妈别生气了。我和她说：妈妈没生气，你不要哭了！唉，其实我那时候还真是在生气。结果她一看我还没有笑模样就扑到我怀里大哭，嘴里还说着：妈妈，为什么我什么事情都做不好？

听到这句话我一下子震惊了，没想到我给了孩子这么大压力！心里面全是痛的感觉。我把她搂在怀里问她：你怎么会这么想呢？妈妈从来没有这样认为过，妈妈觉得你是个很棒的孩子呀？她说：妈妈老是训我，我觉得我什么事情都做不好！

我再次震惊，赶紧想想，我至少这周没怎么训她呀，除了今天做口算的时候。我赶紧辩解：妞妞，你说妈妈总训你，你能告诉妈妈这周妈妈什么时候训过你啦？妞妞哭着说：那可能我记错了，上周你训过我！

这回轮到我晕了，上周，她怎么会记得那么清楚？估计她只是有这个感觉，她不会详细地记着到底是什么时间发生了什么事情。我赶紧再次和她重申：妈妈从不认为你什么事情都做不好，相反，妈妈觉得你很多事情都做得很好！可妞妞回答：可是妈妈你从来没有表扬过我！

我再次有痛心的感觉，我真的是这样的妈妈吗？细想想，不对呀，我也是

常常表扬她的呀，是不是我表扬的方式或者使用的语言让她感觉妈妈没有充分地肯定她？不管别的了，先抱抱她，告诉她妈妈爱她，回头自己好好反省看看哪里出了问题吧。

晚上，给她讲了两章神奇树屋之月球之旅，然后便睡着了。我却有点很烦恼的感觉，到底是什么让她有这种感觉，我应该从哪里入手去改变这种状况呢？

想来想去，还是以下三个方面吧：

1. 妞妞的爸爸一直说我带孩子太细，什么都管，也许这也导致了她敏感、容易自责，后面无论如何，都要适当放手。学习上给她定出每天要完成的事情；她做作业的时候不在旁边看着；让她自己收拾书包；尽量让她自己决定自己的事情。唉，不过实施起来可能难度很大，做起来看吧。

2. 决定每天晚上和她总结一下，每天她什么事情做得好、还有什么需要注意等，避免妈妈时时刻刻地在和她说：这个对，那个不对。

3. 检讨自己表扬和批评的方式吧，现在还没有头绪，赶紧找资料学习。希望得到您的一些意见和建议！非常感谢！

孩子话外音

口算作业太难了，妈妈还一直在旁边催催催，嫌我做得慢，谁不想做得又快又好啊，我真想让妈妈高兴。好不容易做完了，妈妈又让我检查，我心里十分不愿意。妈妈生气了，我特别害怕妈妈生气，就怕妈妈不要我了。为什么我什么事情都做不好？为什么我不能让妈妈高兴啊！

妈妈话外音

这孩子也太敏感了，简简单单一件事——口算+检查，却搞得大家都不开心，女儿哭，我很生气，也很懊恼，不知道该怎么办，实在困惑极了。妞妞说我从来没有表扬过她，还总训她，太冤枉了！看到女儿委屈的样子，我也很心痛。

女儿认为自己什么事情都做不好，敏感、爱哭、自责、不自信，难道是我的表扬和批评方式不对？怎么做才是对的？到底是什么让她有这种感觉，我应该从哪里入手去改变这种状况呢？我太不了解女儿了，真是一头雾水啊！

听懂孩子的话外音，帮助孩子建立信心

姐姐敏感、自责、不自信，关键在于妈妈的教育理念和沟通技巧，要听懂孩子的话外音，有效应对和引导，帮助孩子建立自信和培养责任感。

对于孩子做得好的，要及时鼓励；对于孩子做得不好的，要和孩子讨论如何解决问题，关键是态度要平静。如果只是简单地建议（或命令），孩子不听话（不服从）时就生气、发脾气，会导致孩子误认为自己做得好坏的标准是妈妈的情绪。对于敏感的孩子，更是担心妈妈生气，害怕妈妈不高兴，做事情的目的是讨得妈妈开心，导致自我价值感低。

为了增强孩子的自我价值，建立自信心，在和孩子沟通时，关键是听懂孩子的话外音。如果孩子伤心、难过、沮丧等，先要关注孩子的情绪，把事情暂时放下，等孩子平静后再讨论问题，即"尊重情绪，引导行为"。

从姐姐对检查、改错表现出不满意开始，到姐姐说妈妈总是训她、不表扬她，妈妈的沟通重点应该是姐姐的情绪和感觉（话外音），而不是事件（口算、检查、改错、训等表面的话），用"接纳—反映—讨论"三部曲帮助姐姐解决问题。

在讨论过程中，妈妈的任务是引导姐姐说出解决问题的办法，比如如何鼓励，如何指出姐姐做得不好的地方等，在母女互相尊重、信任、平等的气氛中达成一致的方案。

故事新编（上色部分是我的建议，替代原话）

前天晚上，姐姐大哭了一场。起因其实很简单，做口算作业的时候，发现她仍然是做退位减法时很慢，基本上一道题要花20秒左右，照这个速度一篇口算作业得做10分钟，远远达不到5分钟的要求，我就在旁边要求她快一点，结果她就

欲速则不达，快了，自然会出错。

错了有八九道题。

一篇口算做完之后，我要求她自己检查，改错。可能是刚刚才费了半天劲做完一页口算，我又要求她重新检查，基本上又相当于重算，她很不满意，开始和我吭吭唧唧的，我的脾气也有点上来了，语气很不满意地说："让你检查，你有什么不满意的？不愿意做就不做了。"

妈妈："姐姐，你做了半天口算，一定挺累的，你想坚持一下现在检查，然后休息10分钟，还是先休息5分钟再检查？"

可能后面的这句话让她感觉妈妈也生气了，就开始抹眼泪。我一看她开始哭就有点忍不住脾气了，得，我先出去吧，离开她的房间去客厅。其实本意是不想发脾气，可是估计姐姐一看妈妈走了觉得事情更严重，哭得更厉害了。

她跟着我出来了，拉着我的手说妈妈别生气了。

我和她说：妈妈没生气，你不要哭了！

妈妈："姐姐，妈妈有点生气了，让妈妈自己待一会儿，过5分钟妈妈去找你，好吗？"

唉，其实我那时候还真是在生气。结果她一看我还没有笑模样就扑到我怀里大哭，嘴里还说着：妈妈，为什么我什么事情都做不好？

听到这句话我一下子震惊了，没想到我给了孩子这么大压力！心里面全是痛的感觉。我把她搂在怀里问她：你怎么会这么想呢？妈妈从来没有这样认为过，妈妈觉得你是个很棒的孩子呀？

她说：妈妈老是训我，我觉得我什么事情都做不好！

我再次震惊，赶紧想想，我至少这周没怎么

父母肯定孩子的感觉（累），孩子感到被尊重和理解而愿意合作，更加克制自己。另外，父母给孩子的建议如果是2~3个，由孩子决定，她会更有责任感。

情绪是传染的，母女间的情绪互动让彼此的情绪高涨起来。妈妈离开让自己的情绪平静下来是恰当的选择。

接纳自己的情绪是情绪管理的第一步，妈妈可以告诉女儿自己生气了。

当女儿伤心、难过的时候，妈妈首先要关注女儿的情绪，暂时把自己的情绪和正在发生的事情放下。

训她呀，除了今天做口算的时候。我赶紧辩解：妞妞，你说妈妈总训你，你能告诉妈妈这周妈妈什么时候训过你啦？

妈妈："妞妞，你觉得妈妈对你不公平，感到特别伤心难过，是吗？"

妞妞哭着说：那可能我记错了，上周你训过我！

这回轮到我晕了，上周，她怎么会记得那么清？估计她只是有这个感觉，她不会详细地记着到底是什么时间发生了什么事情。

我赶紧再次和她重申：妈妈从不认为你什么事情都做不好，相反，妈妈觉得你很多事情都做得很好！

妈妈："宝贝，你能不能告诉妈妈具体的事情，或者妈妈说的哪句话让你觉得不高兴？你希望妈妈怎么做？"

可妞妞回答：可是妈妈你从来没有表扬过我！

我再次是痛心的感觉，我真的是这样的妈妈吗，细想想，不对呀，我也是常常表扬她的呀，是不是我表扬的方式或者使用的语言让她感觉妈妈没有充分地肯定她？不管别的了，先抱抱她，告诉她妈妈爱她，回头自己好好反省看看哪里出了问题吧。

妈妈："妞妞，你的意思是希望妈妈经常表扬你，妈妈以后一定更加多多地鼓励妞妞，拉钩。妈妈爱你。"

等到妞妞平静后，和妞妞讨论她希望妈妈如何鼓励她。

妈妈："妞妞，比如刚刚的口算作业，你希

听懂孩子的话外音并用恰当的语言表达出来，妞妞的意思不是"训"本身，而感到的是"伤心、难过"，妈妈要接纳—反映妞妞的情绪。

继续接纳—反映，直至妞妞平静下来，妈妈像镜子一样把妞妞的真情实感说出来，孩子感到被理解而愿意和妈妈沟通。

深入接纳—反映，和女儿讨论如何鼓励和批评，相信女儿，她会告诉您如何做。

望妈妈如何做，或者如何说？……"

晚上，给她讲了两章神奇树屋之月球之旅，然后她睡着了。我却有点很烦恼的感觉，到底是什么让她有这种感觉，我应该从哪里入手去改变这种状况呢？

7 儿子考了79分

我该怎么办,昨晚因为写作业的事情和儿子发生了冲突,到现在心里还很难受。儿子马上就要上四年级了,平时回家还不知道抓紧写作业,只要一让写作业就磨蹭,除非有他感兴趣的事情在等着他。定过时间表,好过一段但是坚持不了多长时间。说说昨天的事吧。

儿子下午5点到家,定的时间表是7点之前写完作业(我家吃饭比较晚),其实学校的作业并不多,有的在学校写了一部分,但是7点前还是没写完,我回家后姥姥悄悄跟我说儿子还是东摸一下、西摸一下,就是不写作业,说他吼他都没用。

吃过饭后我检查他的书包,发现有张语文的单元测验才79分时,我知道儿子瞟了我一眼。我没有说什么,把他听写的作业听写完了。

我问:怎么没考好,都是书上的内容,辅导书上也有,只要每天好好复习,应该没问题的。

结果他来一句:你就老说我不好,说我没好好复习。

我说:每天认真复习,卷子不会是这样的。

他说:回来就写作业,连10分钟玩的时间都没有。

我说:怎么没有玩的时间,你抓紧把作业写完不就可以玩了吗?

他说:写完课内的还有课外的,什么时候能写完,我从早上起床,上学,放学,写作业,吃饭,写作业,什么时候能玩?

我说:和你一起定的时间表,没有休息的时间吗?你看看,要是你抓紧提高效率,多出来的时间不都是你自己的吗?

他说:你小时候怎么就能回家就玩,怎么就没有好多作业呢?

我说:作业是没你们现在多,但也是都抓紧写完作业才出去玩的。

他说的这句话让我受不了:你没那么多作业又可以出去玩,你也不上那些课外班,就没有权利说我!

我心里难受,没理他就出了他的房间,这时已经9点多了,姥爷让他睡觉去,他说还有个什么背诵的作业没背,姥爷也火了,训了他一通,告诉他现在必须睡觉，作业让他自己去跟老师交差。

我也担心全家都对他生气，给他的压力太大，我该怎么办？只要我一提醒他，他就说我老说他不好，看不到他的优点。

孩子话外音

我每天回家就写作业，一点玩的时间也没有，妈妈还老说我没好好复习，说我不认真，还说因为我磨蹭才没有时间玩，那么多作业，课内的写完了，还有课外的，我能做完嘛。姥爷也训我，他们大人都一样，都欺负我，太不公平了！

妈妈话外音

这孩子一点儿也不让我省心，没多少作业，总是磨磨蹭蹭地写不完，课外作业根本没有时间做，真着急啊！我就不明白，为什么不快点做完，踏踏实实地去玩呢？为什么没考好，还总是找各种借口，就是不承认自己没好好复习，没抓紧时间？为什么对我这样说话，说我没有权利说他？一提醒他，就说我老是说他不好，看不到他的优点。我也很担心，大家都提醒他，对他发脾气，会不会让孩子更有压力。管也不是，不管也不是，真是左右为难，唉！

豆豆妈妈点评

═══ 接纳而不是讲道理，让孩子更合作 ═══

时间表只是辅助工具，不是万能的，关键是妈妈对待儿子的教育理念和教育方法是否适合他，是否有效。本例中妈妈和儿子对彼此都不满意，都在指责对方错了，自己很委屈，对话内容更是互为靶子，只为争个高低，而与要解决的问题无关，忽视了要达到的目标——孩子抓紧时间写作业，好好复习。

作业是孩子的事情，当然要孩子有合作的态度，然后再讨论具体的方法。所以妈妈的首要任务是通过鼓励孩子做得好的部分（79分也不是白来的啊），通过接纳儿子的努力（即使不是100%）来取得儿子的合作（而不是逆反），重新建立彼此的信任关系。

当儿子认为妈妈的做法都是为他好，妈妈相信他，为他骄傲，而不是"老说他不好，看不到他的优点"，儿子学习的自觉性和主动性才会建立，真正对学习负责任。下一步才是学习如何管理自己的时间，如何抓紧时间，提高效率，这正是三四年级小学生应该达到的目标，参考"激烈的冲突"中关于接纳—反映—讨论的具体方法。

故事新编 （上色部分是我的建议，替代原话）

吃过饭后我检查他的书包，发现有张语文的单元测验才79分时，我知道儿子瞟了我一眼。我没有说什么，把他听写的作业听写完了。

我问：怎么没考好，都是书上的内容，辅导书上也有，只要每天好好复习，应该没问题的。

我问：这次语文考了79分，尤其是这道题（找出孩子考得好的单项）都对了（几乎都对了），你真棒！你是怎么做到的？

结果他来一句：你就老说我不好，说我没好好复习。

儿子：（可能眼睛一亮，不相信妈妈这样说话）妈妈，您真的认为我很棒？

我说：每天认真复习，卷子不会是这样的。

我说：是啊，你看这一项，都对了，而且还字迹工整，我真好奇，你是怎么做到的？你能给妈妈说说吗？

他说：回来就写作业，连10分钟玩的时间都没有。

儿子：妈妈，您知道吗，我回家就写作业，好好复习，一点儿也没玩。

妈妈：是啊，妈妈知道你非常认真，回家就

妈妈发现孩子的考试成绩，一定非常的不满意，儿子已经准备好"战斗"。

面对79分的考卷和战斗状态的儿子，批评指责只会激起更强烈的反抗，成为孩子攻击的靶子，双方都忽视了真正的问题。有效做法是发现孩子做得好的部分，用具体的语言表达，与孩子成为伙伴，共同面对问题，孩子会更合作。

写作业，连玩的时间都没有了，妈妈非常心疼，真想让你有更多玩的时间。可是，这么多的作业怎么办呢？

儿子：妈妈，好办，我快点写，再好好复习就行了。

妈妈：你的意思是抓紧时间写作业，好好复习，就能考得这么好，还能有玩的时间。嗯，真聪明，想出这么好的方法！这道题也很好，你看……（找出另一道题的优点，比如字迹工整，正确率高等，千万不要提其他考得不好的部分，想办法引导儿子自己总结）

儿子：妈妈，我知道了，好好复习，认真答题，就能考好。其实，这道题我也会，就是马虎了。

妈妈：嗯，真可惜！可是，怎么才能克服马虎呢？（若有所思的样子，停顿一会儿）

儿子：……

我说：怎么没有玩的时间，你抓紧把作业写完不就可以玩了吗？

我说：你一直在学习，都没有玩的时间了，觉得很难过？

他说：写完课内的还有课外的，什么时候能写完，我从早上起床，上学，放学，写作业，吃饭，写作业，什么时候能玩？

我说：和你一起定的时间表没有休息的时间吗，抓紧提高效率，多出来的时间不都是你自己的吗？

我说：是啊，那么多的事情要做，确实很累。

他说：你小时候怎么就能回家就玩，怎么就

请从儿子的角度看问题，并用问句提出自己的困惑，引导儿子思考，感悟解决办法，不要直接说出答案。

多用"你的意思是……""你的感觉是……"当儿子说出妈妈想要的答案，用肯定的话重复。

用接纳的态度，反映孩子的感觉，甘做孩子的"情绪垃圾桶"，等孩子平静后再讨论问题。

反映孩子的感觉。

反映孩子的感觉。

没有好多作业呢？

我说：作业是没有你们现在多，但也是都抓紧写完作业才出去玩的。

我说：是啊，你很羡慕妈妈有那么多玩的时间。咱们看看怎么才能有更多玩的时间？（一定在孩子平静后再提出这个问题）

他说的这句让我受不了：你没那么多作业又可以出去玩，你也不上那些课外班，就没有权利说我！

通过以上的沟通，孩子就不会说出这句话了。

8 孩子不爱写作文怎么办

　　今天儿子（9岁三年级）放学，我去接他。事先在电脑上查了查，今天要写篇关于环保的周记。一遇到写作文，他就发怵，上次到晚上快10点才写完。我下定决心今天要帮助他提早准备，争取早点写完。

　　孩子比其他同学出校门晚，见到我，悄悄地告诉我：周一老师安排了值日，有的同学都逃跑了，没有拖地，可他坚持做完了，还把同学没拖的地都拖完了。

　　我对他说："你这样很好，老师分配的任务要认真完成，不能逃避。"回家的路上，我想办法跟他聊学校有什么开心的事，心想，不能直奔主题，如果现在谈作文，他会烦的。

　　到家后，他先做了简单的口算。"妈妈，我做完口算了，可以休息一会儿吗？"

　　如果我直接说可以，他一定会提出看电视、玩电脑，这样可就无法控制了。"可以，但是，你今天还要写周记，少玩一会儿吧。10分钟后，再写吧。"

　　到了时间，他还躺在沙发上，一副懒懒的样子。在他看来，不能看电视、玩电脑好像就不是休息。可要是让他看电视、玩电脑，思绪好半天都回不来，怎么写作文呀？

　　"该去写周记了。"我说。

　　"我不知道该怎么写。"儿子懒懒地回应。

　　我说："先坐到你的桌子前，把老师的要求好好想一想，到底是要写什么。"

　　儿子："老师就是让写环保，没别的了。"

　　我说："那老师布置这个题目的时候，都说了什么？"

　　儿子："我们同学都说了自己家里有哪些环保的好办法。"

　　我说："那你觉得咱们家里有哪些环保的做法吗？"

　　儿子："我想不出来。"

我开始启发他，家里的节能灯、厕所的水箱……

儿子："我不想写这些。"

我说："那你想写什么，你自己想没想呀！"我开始发火了，一直克制自己、压不住的怒火快要爆发了。

儿子："我就是想不出来。"他趴在桌上哭了起来。

无助吗？我一直在帮他想办法，他为什么还哭呢？我想起上次写作文，他告诉我，觉得心里一点都没谱儿，不知该怎么写，当时我告诉他，就想象这是一个困难（敌人），你怎样把这个困难一点一点克服，就会不那么难了。比如可以先写（那次是写读后感）这本书的内容梗概。然后休息一会儿，再写后面的内容。这个办法对他还挺管用。于是，我说："你可以先写写为什么要提倡环保，它有哪些益处？"我心想，真难呀，这比我写一篇文章不知要难多少倍呀！

他盯着我，等着我继续说下去。难道对这个他平时也不知道吗？看看时间挺晚了，我说了一通我对环保重要性的认识，他摇摇头："不行，不能这样写开头。"

"那你自己想想嘛！"有时候，我感觉他像个老师，在评价我的回答。"你想写什么样的开头呢？"

他终于开始写了。"草稿打完了。妈妈，我想休息一会儿，可以吗？"

太好了。我如释重负地松了一口气："真棒！休息一会儿吧。吃完饭，把它改改赶快抄到作业本上。"

"好！我可以玩会儿电脑吗？"想到他已经完成了草稿，也可以让他休息一下了，我提出可以上网玩玩英语游戏。

很快就吃饭了，可他还没找到网址。"先别玩了，吃饭了。"

"妈妈，你又说话不算数。"他大哭起来。

我的意思很清楚，吃饭前的时间，稍微休息一下。可该吃饭了，而且还要修改和抄写作文呢。我跟他讲道理，他还是哭。于是我只好提出，要么玩5分钟电脑，要么写作业，写完再玩。"那我写完作业可以玩多长时间？"

"那得看你什么时候写完，9点就该睡觉了。"

"那我先玩5分钟。"

最后，在我的催促下，儿子终于把作文写完了。目前，孩子不愿主动去学的问题很严重，我知道豆豆妈妈有一个跟老师沟通让老师批评教育的办法。可总是掌握不好时机，比如孩子遇到此类问题首先想到的是尽快帮助孩子解决，没去想怎样能给孩子一次教育的机会，有时还需要与老师联络或者怕给老师留下不管孩子的坏印象。我该怎么办？

孩子话外音

又要写周记，太烦人了！想点高兴的事儿，我一个人做值日，还帮同学拖地，妈妈没有太多的反应，我有点失望。

回到家，想起要写周记，还是烦，先写口算吧，这个简单点。写完了，再休息一会儿，真想看电视、玩游戏，可是妈妈不让玩。真无聊啊！

妈妈催我写周记了，我真的不愿意写，太难了。妈妈一直说这样写那样写，好像特别简单似的，她怎么就不理解我的难处呢！我不知道要写什么，但是我知道不想写什么，妈妈说的我不想写。

妈妈发火了，我委屈极了！我不是不听妈妈的话，我是真的觉得特别难受，真的不知道该如何写啊。

累死我了，终于写完草稿了，我想休息一下，玩会儿电脑，英语游戏也行。可是还没有找到网站呢，妈妈就找借口说要吃饭不让我玩了，大人总是说话不算数。哭也没有用，还是玩了再说吧！

妈妈话外音

又要写周记了，这孩子一遇到周记就发怵，我也是小心翼翼的，就怕他又写到10点，耽误睡觉。

果然，儿子先拣简单的口算做，然后休息，一副懒洋洋的样子，看来我不催促，他是不想开始啊。

果然，儿子一副不屑的样子，还很有理，这也不行，那也不行，到底想干什么啊？从见到儿子，我就压抑着不敢提写周记的事，想尽办法让他开心，还费尽心力地帮助他思考如何写。他这是什么态度啊，根本就不是写周记的态度，到底是谁要写周记啊，好像我比他还着急啊！

看到儿子无助地哭了，我也心软了。开始启发儿子，真难啊！周记草稿总算写完了，儿子要玩电脑游戏，因此又哭了一鼻子。

儿子总是要我催他写作业，他申请休息、玩游戏，我也很困惑，到底该如何限制儿子的电脑游戏时间呢？如何让儿子主动学习呢？

鼓励三段论，培养孩子自信心

如何让孩子主动学习？这也是许多家长的困惑，感觉孩子心里只有看电视、玩游戏。其实，就像大人工作获得报酬一样，只要把孩子的学习看作工作，把看电视、玩游戏的时间当作报酬，合理安排儿子的时间和奖惩办法，有效运用鼓励和行为结果的方法，就可以解决儿子主动学习和适度看电视、玩游戏的问题了。

首先要明确区分鼓励和称赞。"孩子你真好！""孩子你真棒！""孩子你真聪明！"家长口中的这些话不是鼓励，而是称赞！是因为孩子的行为达到甚至超过家长的期望，或者是超过别人家的孩子才得到的，重视的是结果而非过程，对于孩子的激励作用不大。所以要学会鼓励的技巧和方法，告诉孩子"你是与众不同的"、"你能行"，帮助孩子体验成功和成就感，并引导他们将成功归因于自己的能力和努力，从而建立自信心，他就愿意主动学习、克服困难了。

比如可以和儿子一起制定时间表、星星表、礼物单，让儿子用学习的时间和学习的成绩换取红星（每周红星数量50~100颗为宜，否则造成通货膨胀了），再用红星换取游戏时间等。当儿子达到标准获得红星时，要用鼓励三段论来激发孩子的内在动力，这个过程需要不断地调整和改变，一般需要3~6个月的实践，而且妈妈不再催促提醒，儿子的成绩暂时下降（因为以前都是妈妈在帮忙），要和老师提前沟通。

鼓励三段论：一是描述你看到的孩子的好行为（只和孩子自己比较，今天比昨天的进步），二是描述你的愉悦感觉，三是用具体的言辞描述孩子的行为和努力（一定要描述细节，如果不知道怎么说，可以问孩子"你是怎么做到的"，孩子会告诉你细节）。比如，我看到这个房间很整洁，我感到很舒服，你把书本整齐地摆放、笔放到笔袋里，真是井然有序啊。

注意：星星表的有效性依赖于妈妈的情绪控制，一定要平静坚定才有效。

故事新编 （上色部分是我的建议，替代原话）

今天孩子放学，我去接他。事先在电脑上查了查，今天要写篇关于环保的周记。一遇到写作文，他就发怵，上次到晚上快10点才写完。我下定决心今天要帮助他提早准备，争取早点做完。

孩子比其他同学出校门晚，见到我，悄悄地告诉我："周一老师安排了值日，有的同学都逃跑了，没有拖地，可他坚持做完了，还把同学没拖的地都拖完了。"

我对他说："你这样很好，老师分配的任务要认真完成，不能逃避。"

妈妈："你这样做太棒了！你一定为自己感到骄傲吧！"

回家的路上，我想办法跟他聊学校有什么开心的事，心想，不能直奔主题，如果现在谈作文，他会烦的。

到家后，他先做了简单的口算。"妈妈，我做完口算了，可以休息一会儿吗？"

如果我直接说可以，他一定会提出看电视、玩电脑，这样可就无法控制了。"可以，但是，你今天还要写周记，少玩一会儿吧。10分钟后，再写吧。"

妈妈："可以，10分钟后要去写周记，到时候是你自己去（定时提醒）还是妈妈提醒你？"

到了时间，他还躺在沙发上，一副懒洋洋的样子。在他看来，不能看电视、玩电脑好像就不是休息。可要是让他看电视、玩电脑，思绪好半天都回不来，怎么写作文呀？

妈妈："该去写周记了。"

对于作文，儿子发怵，妈妈也很发怵，母子两个都没有信心。

鼓励儿子要用肯定的语言，并且引导儿子的感觉"你觉得……"，提高儿子的自我感觉，即自信。

建议在儿子做作业前做好规划，定好作业和休息的时间，孩子不需要每次申请，使用定时器提醒。

延迟5~10分钟都是可以的，妈妈可以慢半拍。如果10分钟后儿子不动，再说话。

接纳儿子的畏难情

儿子："我不知道该怎么写。"

妈妈："先坐到你的桌子前，把老师的要求好好想一想，到底是要写什么。"

妈妈："这个题目有点难，妈妈和你一起讨论，好吗？"

儿子："老师就是让写环保，没别的。"

妈妈："那老师布置这个题目的时候，都说了什么？"

儿子："我们同学都说了自己家里有哪些环保的好办法。"

妈妈："那你觉得咱们家里有哪些环保的做法吗？"

儿子："我想不出来。"

我开始启发他，家里的节能灯、厕所的水箱……

"我不想写这些。"

"那你想写什么，你自己想没想呀！"我开始发火了，一直克制自己、压不住的怒火快要爆发了。

妈妈："看起来你有自己的想法，你是怎么想的？"（引导儿子进一步表达自己）

儿子："我就是想不出来。"他趴在桌上哭了起来。

妈妈："你觉得特别委屈，能和妈妈说说吗？"

无助吗？我一直在帮他想办法，他为什么还哭呢？我想起上次写作文，他告诉我，觉得心里一点都没谱儿，不知该怎么写，当时我告诉他，就想象这是一个困难（敌人），你怎样把这个困难一点一点克服，就会不那么难了。比如可以先写（那

绪，并和儿子讨论课堂上同学们的话题，儿子会更轻松，更有创造性，作文就是创造的过程。

儿子没有采用妈妈的建议，而且耽误了这么多的时间，所以妈妈很沮丧而发火，其实这个讨论的过程可能比作文本身更有意义，妈妈要控制自己的情绪。

接纳儿子的委屈，在情绪情感上和儿子共鸣，帮助儿子学会管理自己的情绪。

启发儿子的成功体

次是写读后感）这本书的内容梗概。然后休息一会儿，再写后面的内容。这个办法对他还挺管用。

　　于是，我说："你可以先写写为什么要提倡环保，它有哪些益处？"我心想，真难呀，这比我写一篇文章不知要难多少倍呀！

　　他盯着我，等着我继续说下去。难道对这个他平时也不知道吗？

　　妈妈："还记得上次写读后感吗？一开始也是没谱儿，后来你是怎么做到的？我还记得当时咱们都特别开心呢。"

　　看看时间挺晚了，我说了一通我对环保重要性的认识，他摇摇头："不行，不能这样写开头。"

　　"那你自己想想嘛！"有时候，我感觉他像个老师，在评价我的回答。"你想写什么样的开头呢？"

　　妈妈："儿子，你真像个小老师，你想怎么写开头呢？"

　　他终于开始写了。"草稿打完了。妈妈，我想休息一会儿，可以吗？"

　　太好了。我如释重负地松了一口气："真棒！休息一会儿吧。吃完饭，把它改改赶快抄到作业本上。"

　　"好！我可以玩会儿电脑吗？"想到他已经完成了草稿，也可以让他休息一下了，我提出可以上网玩玩英语游戏。

　　很快就吃饭了，可他还没找到网址。"先别玩了，吃饭了。"

　　妈妈："儿子，吃饭了，你是现在玩5分钟，还是饭后玩10分钟？"

　　"妈妈，你又说话不算数。"他大哭起来。

　　……

验，引导儿子说出来，增强自信心。

　　可以看出儿子有自己的想法，要及时鼓励和肯定，增强儿子的自信心。

　　对孩子尽可能少用祈使句，可以用这种有限度的选择，让孩子自己做决定，培养孩子的责任感和自主性。

🌿 9 孩子犯错怎么办——女儿总是从家里拿钱

我女儿今年8岁上二年级，最近发现她有时会从家拿钱去学校，所以我就把她的零用钱收到一个小盒子里，不能随便用了。

从上个月开始，女儿对我说，接她的那里有个小姐姐想吃雪糕，她的钱不够，她说：明天给她带去。当天她跟我说时，我就告诉她，不能把钱带到学校。从那以后她就开始不断从家里拿钱。有一次爸爸接她时发现她带了10元去学校，放学后在接她的那里给同学买东西。再后来她就不让我们知道了。也不让我们看她的书包，她装东西的时候就让我们出去。有两次我看到她在动爸爸的钱包。

昨天我带她到超市买东西，找回几元零钱，她向我要，我没给她，等到家后，我把衣服挂在了衣架上，后来我看到她好像在弄我的衣服，我没理她，她走开之后，我去看我的钱，里面少了一元钱，我就跟她说："宝宝，我的一元钱好像长腿了，不见了，你看到了吗？"她说："我看见了，它好像是跑到我的衣服里去了，我找找，妈妈，我找到了，它跑到我的口袋里了。"她给我时我让她把钱放到她的存钱盒里收起来。

今天我到单位用钱时，发现我的钱又少了5元。我也跟她讲过，钱是爸爸妈妈挣来的，不能随便给人。她也知道这个道理。

晚饭后我们仨人坐在一起，希望和孩子好好交流一下。

我说：现在我们要开一个家庭会议，如果在别人不知道的情况下拿走别人的东西好不好？

孩子说：不好。

我说：如果别人拿走你的东西，你高兴吗？因为以前曾有同学拿过她的东西，她很生气。

孩子说：我不高兴。

我说：现在我丢东西了，看看你们谁见了？这时孩子表情不一样了，笑了，同时也表现出不好意思。

她爬到我身上悄悄地说：妈妈，我见了，是我拿了。我拿了86元。（注：我还以为只拿了5元）

我问：你拿它做什么呀？

孩子说：我想买东西。我只花了16元，剩下的我放进了存钱盒。

我问：那你买什么了？

孩子说：我想想，我买了喜羊羊的贴画，其他的我实在想不起来了。

我问：你是什么时候把钱放进存钱盒的？

孩子说：我一进门就放进去了。

由于那个存钱盒是密封的，无法证实是否放进去。我暂且相信她真放进去了。

我跟她讲：钱不是自己挣来的，是妈妈工作挣来的。再说你拿钱对你也不安全。我们不想在家里安锁，把爸爸妈妈的东西锁起来，你觉得那样好吗？

她说：不好。

我说：如果以后你再动我们的钱，我们就在家里安锁。你需要什么可以告诉我们，我们给你买。你觉得怎么样？

孩子说：可以。

我们的谈话到此结束，她去做她的作业。现在她在屋里都不让我们进屋，只有她让我们进的时候我们才可以进。

说明一下，她放学我们不能接，就由一位阿姨接，上学校外边的那种课后管理班，那位阿姨今天早上告诉我，她昨天给和她一起的学生买了很多东西。

她的小脑袋里都在想什么？我如何才能了解现在的她？我对她很是担心。

孩子话外音

小姐姐想吃雪糕，钱不够，我答应给她带钱。可是妈妈不同意，怎么办啊？对了，可以从妈妈钱包里拿，反正妈妈也不知道，就这么办。

妈妈还真没有发现，太好了！还可以从爸爸钱包里拿点儿，他也没有发现，可是妈妈好像看到了，还是跟妈妈要钱比较好。妈妈不给，就从妈妈钱包里拿吧。

糟糕了，妈妈发现少了一元钱，我就说实话吧。妈妈也没有批评我，还让我把钱放到钱盒里。趁妈妈不注意，再从妈妈钱包里拿钱，这一次，我把妈妈兜里的零钱都拿走了，妈妈发现的话我就还给她，如果没有发现，我就可以买更多的东西了。太棒了！

晚上，看到妈妈严肃的样子，我就知道又被妈妈发现了，最好说实话，再和妈妈撒撒娇，就能糊弄过去了。妈妈说我拿钱不安全，有什么不安全的？妈妈说我想要什么就给我买，我想请同学吃东西，妈妈总是不同意，钱盒里的钱我也拿不出来，我只能拿爸爸妈妈兜里的钱了，下次一定不能让他们发现。还说以后要上锁，钱包还能上锁？我才不信呢。

妈妈话外音

这孩子，要什么有什么，也不缺钱，为什么老是拿家里的钱啊！跟她说过多少次了，不要把钱带到学校去，这样不安全，她怎么就是不听呢。她也知道拿别人东西不好，怎么就是不改呢？还搞得神神秘秘的，书包也不让我看，房间也不让我进，我越来越不了解女儿了。原以为女儿只拿了5元钱，没想到拿了86元，这孩子胆子越来越大了，她的小脑袋里想什么呢，这样下去，将来……太可怕了，我都不敢想了。

所幸女儿是个诚实的人，每次问她，都说实话，也许是因为我们对女儿很宽松，这还让我挺欣慰的。女儿说把花剩下的钱都放到钱盒里了，我虽然有点半信半疑，但还是选择相信她。

关键是我说的道理她懂了吗？难道真让我像防小偷一样给家里上锁吗？这也不是个办法啊。

豆豆妈妈点评

承担行为结果，培养孩子的责任感

孩子犯错可以打吗？如何惩罚孩子才有效？首先要区别惩罚与行为结果，学会自然与合理的行为结果的方法，有效对待孩子的犯错行为，让自然的行为结果发生，设计合理的行为结果，培养孩子对自己行为负责的态度，增强自制力和责任感。

孩子成长中出现的任何问题都是正常的，关键是爸爸妈妈应对的态度和方法。如果一个问题反复出现，爸爸妈妈要考虑是否自己所用的方法无效。文中孩子多次未经同意拿爸爸妈妈的钱，而且拿得越来越多，这说明父母所用的"讲道理"的方法无效。要从以下几个方面考虑：

1. 孩子的需求是什么？孩子想要请同学吃东西，给同学买礼物，以表现自己的独立、自主、自由以及友情。

2. 孩子用不当方式满足需求，如何和孩子沟通？要用"我的信息"的方式表达爸爸妈妈的不满意，告诉孩子这样的行为导致父母生气、担心，把孩子犯的错误行为和孩子本身分开，让孩子感到被充分地尊重，她才愿意接受爸爸妈妈的建议，愿意改正自己的不当行为。

3. 如何满足孩子的需求？可以给孩子零花钱，比如，每周5元，事前约定哪些东西不能买，同时约定如果买了，就从下一周的零花钱里扣除相应的钱数，并教会孩子记账。不仅培养了理财能力，还练习了口算，一举两得。前提是其他的钱，比如压岁钱等，在18岁之前，要在父母监督下使用，不可以随意使用。

4. 如果孩子再犯错误，应该接受什么惩罚？和孩子商量，事先约定，即设计合理的行为结果，让孩子在犯错之前就知道这种行为所承担的行为结果是什么，如果孩子真的又犯了同样的错误，只要按照约定执行，不要唠叨不止，更不要冷言冷语、讽刺挖苦，即所谓"罚了不打，打了不罚"。持之以恒，孩子的错误行为越来越少，这样有助于矫正孩子的错误行为，培养孩子的责任感。

故事新编（上色部分是我的建议，替代原话）

我说：现在我们要开一个家庭会议，如果在别人不知道的情况下拿走别人的东西好不好？

妈妈：今天我发现钱包里少了一些钱，我想知道是怎么回事？

孩子说：不好。

孩子：……

我说：如果别人拿走你的东西，你高兴吗？因为以前曾有同学拿过她的东西，她很生气。

和孩子沟通，要直截了当，而且要用开放性的语言，引导孩子思考；不要用封闭性的语言，避免孩子用"好"、"不好"来回答。

妈妈：我的钱无缘无故少了，我很不高兴，如果是你的东西不见了，你感觉怎么样？（看着孩子）

孩子说：我不高兴。

孩子：我也会不高兴。

我说：现在我丢东西了，看看你谁见了？这时孩子表情不一样了，笑了，同时也表现出不好意思。

妈妈：那谁能帮我找到这些钱？

她爬到我身上悄悄地说：妈妈，我见了，是我拿了。我拿了86元。（注：我还以为只拿了5元）

我问：你拿它做什么呀？

妈妈：请你把这些钱还给我吧。

孩子说：我想买东西。我只花了16元，剩下的我放进了存钱盒。

孩子：我花了16元，剩下的我放进存钱盒里了。

我问：那你买什么了？

孩子说：我想想，我买了喜羊羊的贴画，其他的我实在想不起来了。

我问：你是什么时候把钱放进存钱盒的？

孩子说：我一进门就放进去了。

由于那个存钱盒是密封的，无法证实是否放进去。我暂且相信她真放进去了。

我跟她讲：钱不是自己挣来的，是妈妈工作挣来的。再说你拿钱对你也不安全。我们不想在家里安锁，把爸爸妈妈的东西锁起来，你觉得那样好吗？

妈妈：宝宝，当我发现你拿了妈妈的钱，我觉得很生气，也很担心，因为你未经允许就拿别

用语言说明妈妈的情绪和感觉，并引发孩子的共情（感同身受）。

直截了当说出自己的想法，启发孩子用同样的方式回应——直接回答，不绕弯子。

妈妈选择信任孩子，赞一个！

这句话说了三件事，重点不突出，用"我的信息"的方式直接沟通："当……我觉得……因为……我希

人的东西，而且拿钱对你非常不安全，我希望你需要什么就和爸爸妈妈说，咱们一起商量解决的办法，好不好？

孩子：好。

我说：如果以后你再动我们的钱，我们就在家里安锁。你需要什么可以告诉我们，我们给你买。你觉得怎么样？

妈妈：我和爸爸商量一下，可以每周给你5元零花钱，但是不能带到学校去，也不能买街边的零食，并要记账。如果你同意，咱们就从下周开始。

孩子说：可以。

孩子：可以，妈妈太好了！

妈妈：宝宝，如果你没有经过爸爸妈妈的同意，就拿我们的钱，怎么办？

孩子：我不会拿你们的钱了，我都有自己的零花钱了。

妈妈：这样吧，存钱盒里的钱是你的，但是不可以随意花，一定要和爸爸妈妈一起打开，帮你存到银行里。如果你拿爸爸妈妈的钱，就从存钱盒里扣除十倍的钱数，你同意吗？

孩子：没问题！

望……"。这种沟通方式主题明确，而且最大限度尊重孩子。

5岁以上的孩子就可以给零花钱了，孩子通过对钱的计划、管理，培养理财能力和自主性。

孩子也许还会拿爸爸妈妈的钱，可以事先和孩子约定相应的行为结果，此处只是一个参考。孩子的错误不是一下子形成的，改正也不是一时一刻就能办到的。永远要给孩子成长的机会。

🌿10 儿子说作业写完了，他是撒谎吗

我儿子上二年级，平时特别爱磨蹭，而且上课时爱做小动作，不够专注，做操时站姿不好。按老师的话说是比较情绪化，想干的时候就干，不想干的时候就不好好干。

我曾经问他，为什么总是不着急。他说："不是有你嘛，我跟着你就成了。"好像他的事都成了我的事。如果真是我不着急了，他迟到了，他能这样说："要不今天就请假，别上课了吧。"

昨天放学我去学校接儿子，到了托管班，问他写完作业了没有。他说写完了。儿子问我可不可以先在楼下玩会儿，再看半小时电视，然后再复习。我说写完作业了，当然可以。

路上，他还拿出在学校画的画，对我说，以后他每天在学校做完作业就画一幅画。我说那当然好了。我陪着孩子在楼下玩了半小时，在楼下玩的时候，看到有两个年轻的女孩拿着一堆零食坐在旁边吃。

儿子羡慕地说："晚饭要是吃零食多好啊，一会儿我们也用零食当晚饭吧。"

我说："不行，那些东西都没营养。"

儿子又这样提了两三次要求，我想了想，觉得偶尔满足一下孩子这样的要求也可以，而且偶尔吃一次零食晚餐，也不至于缺乏营养，就同意了。

儿子非常高兴。我们去商店买了零食。回家以后，他吃零食，然后看电视。我吃完饭以后，就拿了他的书包，想看看作业完成得怎么样。他看到我拿书包就说："妈妈，一会儿我自己来吧。你别管了。"

我说："我得了解一下到底留了哪些作业，你写得怎么样呀？"说完，我就拿着书包进书房了。打开书包一看，一张卷子72分（数学），后面有不少题，空着没做。他也走过来，看我看到了卷子，就主动把电视关了。

我问他为什么这么多题没做。他说前面没着急，后来没做完。我又看了留的作业内容，发现还有一项数学作业写了一半，因为本子用到最后一页没纸

了，所以没做完。

我挺生气，说："这么多作业还没做完，怎么告诉我做完了呢？"他说忘了。我说："本子都没了，只做了一半，会是忘了吗？"他不说话。

我气坏了，让他趴到沙发上等着我，我去拿了鸡毛掸子打了三下，打得挺重的。后来他都疼得掉眼泪了。

我说："这三下，一是因为你说谎，二是因为你磨蹭。"他没说话，起来后，我让他赶快去做作业，他就乖乖去了，让干啥就干啥。挺配合就把作业完成了。

平时每天晚上，他都会要求我陪着睡，直到睡着。昨晚他躺在床上，让我陪他，虽然我心里有些想用不陪他作为惩罚，但是想了想还是没那么做。

其实我平时并不打孩子，实在气得不行的时候才会打。因为我觉得好好说，孩子听不进去，和没说差不多。大部分时候我是说教，经常是很生气地说一些重话，孩子说我是冲动型的母亲。

孩子话外音

我真的忘了还有作业没完成，不是故意说谎，可是妈妈不相信，还打了我，疼得我都哭了。我也不知道为什么忘了作业的事情，不知道怎么回答妈妈的问题。看到妈妈生气的样子，我挺害怕的，不敢说话，妈妈让我做什么，我就做什么。

其实，妈妈说的话我都明白，就是做不到，妈妈就生气了。但是，我还是希望妈妈好好跟我说，不要太冲动，我是真的想让妈妈高兴。

妈妈话外音

这孩子总是随心所欲的，想干什么就干什么，非常情绪化。什么事都得我催着才行，尤其是学习、写作业，我好好说，儿子根本就听不进去。其实我也不想打儿子，但他总这样，动不动就说忘了，我觉得他就没把学习放在心上，一心只想玩。为了玩，他竟然说谎，告诉我作业都写完了，太让我生气了！我怎么都不明白，写完作业再玩多踏实啊！

豆豆妈妈点评

区分问题所有权，孩子学习更主动

儿子说作业写完了，不是撒谎，而是对学习、作业不负责任的表现。当儿子说出"不是有你嘛，我跟着你就成了"这句话时，表明在儿子的成长中，妈妈的行动快于儿子，有些任务应该由儿子承担的，比如作业、学习、做操、时间安排等，都是妈妈冲在前面，久而久之，儿子就形成了惰性，认为自己学习、作业等都是为妈妈做的，根本谈不上主动性，更不会为上学、学习等着急。

为了帮助儿子建立学习主动性，妈妈首先要分清问题所有权，是孩子的问题还是父母的问题？即谁拥有问题的所有权，因为只有拥有者才能解决问题。其次要把学习、作业等属于儿子的任务还给儿子，并和儿子制定学习时间表，以及相应的奖惩办法。

如何判断哪些任务/问题属于儿子，哪些任务/问题属于妈妈？戈尔登博士（Thomas Gordon）根据父母与孩子的需求区分问题所有权：

1. 如果孩子的需求没有得到满足，则问题是孩子的。

2. 如果孩子的需求得到满足，而他的行为也没有干扰到父母，因此，双方都没有问题。

3. 如果孩子的需求得到了满足，但是他的行为干扰了父母，此时是父母的问题。

4. 如果孩子的行为有一定的危险性，危及孩子的安全，则是父母的问题。

5. 孩子与父母的需求有所冲突和矛盾，产生亲子纠纷有待调解，则亲子双方需要共同探索解决问题的方法。

如果问题属于孩子，父母需视情形决定处理办法，是"积极倾听"协助"解决问题"，还是用"自然的行为结果"让孩子独自面对问题，进而体验行为结果。（参见钟思嘉、王宏：《父母效能培训手册》）

如果是父母的问题，首先应该用"我的信息"表达父母的感受，效果不明显时，进一步用"合理的行为结果"让孩子进行有限度的选择，从行为结果的体验中学习到负责任的态度。

故事新编（上色部分是我的建议，替代原话）

　　我儿子上二年级，平时特别爱磨蹭，而且上课时爱做小动作，不够专注，做操时站姿不好。按老师的话说是比较情绪化，想干的时候就干，不想干的时候就不好好干。

　　我曾经问他，为什么总是不着急。他说："不是有你嘛，我跟着你就成了。"好像他的事都成了我的事。如果真是我不着急了，他迟到了，他能这样说："要不今天就请假，别上课了吧。"

　　昨天放学我去学校接儿子，到了托管班，问他写完作业了没有。他说写完了。

　　儿子问我可不可以先在楼下玩会儿，再看半小时电视，然后再复习。我说写完作业了，当然可以。

　　路上，他还拿出在学校画的画，对我说，以后他每天在学校做完作业就画一幅画。我说那当然好了。

　　我陪着孩子在楼下玩了半小时，在楼下玩的时候，看到有两个年轻的女孩拿着一堆零食坐在旁边吃。

　　儿子羡慕地说："晚饭要是吃零食多好啊，一会儿我们也用零食当晚饭吧。"

　　我说："不行，那些东西都没营养。"

　　儿子又这样提了两三次要求，我想了想，觉得偶尔满足一下孩子这样的要求也可以，而且偶尔吃一次零食晚餐，也不至于缺乏营养。就同意了。

　　看得出，孩子比较被动，依赖妈妈。

　　儿子知道妈妈喜欢什么，也知道如何达到自己的目标——玩、吃零食、看电视。

　　妈妈觉得儿子不仅完成了作业，还知道复习，很会安排时间，就通融儿子可以以零食作儿子非常高兴。我们去商店买了零食。回家以后，他吃零食，然后看电视。

我吃完饭以后，就拿了他的书包，想看看作业完成得怎么样。

他看到我拿书包就说："妈妈，一会儿我自己来吧。你别管了。"

我说："我得了解一下到底留了哪些作业，你写得怎么样呀？"

我说："好吧，过10分钟你拿给妈妈看。"

说完，我就拿着书包进书房了。打开书包一看，一张卷子72分（数学），后面有不少题，空着没做。

他也走过来，看我看到了卷子，就主动把电视关了。

我问他为什么这么多题没做。他说前面没着急，后来没做完。

我又看了留的作业内容，发现还有一项数学作业写了一半，因为本子用到最后一页没纸了，所以没做完。

我心里挺生气，说："这么多作业还没做完，怎么告诉我做完了呢？"

我平静地说："看来本子用完了，作业还没有写完，你是现在写作业还是10分钟后写？"

他说忘了。

他说：……

我说："本子都没了，只做了一半，会是忘了吗？"他不说话。

我说："你告诉妈妈作业都做完了，咱们才在楼下玩、吃零食的。现在却发现还有作业没写完，下次再发生这样的事情，怎么办？"

为晚餐。

检查孩子的书包，一定要征得孩子的同意，这样才能让孩子成为学习的主人，变被动为主动。

儿子知道自己做错了，不要批评，要让他的内疚感变为积极的力量。

如果妈妈生气了，请先不要和儿子说话，等情绪平静了再说。

儿子：……

我说："好吧，如果下次发生这样的事情，就用鸡毛掸子打屁股三下。"

儿子同意了，我把这项约定写下来，我和儿子都签字同意。

以下部分可能不会发生了……

我气坏了，让他趴到沙发上，等着我，我去拿了鸡毛掸胆子打了三下，打得挺重的。后来他都疼得掉眼泪了。

我说："这三下，一是因为你说谎，二是因为你磨蹭。"

他没说话，起来后，我让他赶快去做作业，他就乖乖去了，让干啥就干啥。挺配合就把作业完成了。

平时每天晚上，他都会要求我陪着睡，直到睡着。昨晚他躺在床上，让我陪他，虽然我心里有些想用不陪他作为惩罚，但是想了想还是没那么做。

其实我平时并不会打孩子，实在气得不行的时候才会打。因为我觉得好好说，孩子听不进去，和没说差不多。大部分时候我是说教，经常是很生气地说一些重话，孩子说我是冲动型的母亲。

孩子第一次犯错误都是可以原谅的，同时约定下次犯同样的错误应该承担的结果是什么。这样儿子犯错误时有章可循，他也会心服口服，养成责任感。

后 续
（之后这位家长的回信中补充了如下一些信息）

　　其实就像孩子说的，我是冲动型的，经常说话或做事不太考虑后果，看来对待孩子更应该三思后行。

　　上次打了孩子以后，我也按照您的建议进行调整，他连续考了三个九十多分，其中一个考了99+10。我接他的时候，他第一件事就和我说：妈妈，告诉你一件好事，今天我考了99+10。然后他又很遗憾地对我说那一分扣得太冤了，就少写了一个"一"，要不就得满分了。

　　我看到他也很懊悔，也就没多说什么，只是夸奖他的进步，还有就是希望他下次汲取教训。其实我也知道打孩子也只能是短时间起作用，不是长期的办法，后来发生什么状况，我尽可能和孩子商量着解决，但有时候控制不了情绪，还会用一些惩罚性的手段来解决孩子出现的问题，看来还要多多学习啊。

　　另外，有时候我会想，如果孩子做到了某些该做的事情（比如考一个好成绩、提前完成了作业等），如果一味地去奖励他，会不会让他为了得到奖励而去做这件事，而不认为这事是他应该做的。